なぜキリスト教は世界を席巻できたのか

島田裕巳
Hiromi Shimada

はじめに

●日本のキリスト教徒は1パーセント

私たち日本人にとって、もっとも気になる宗教があるとすれば、それはキリスト教である。

というのも、信者数においてキリスト教は世界第1位の宗教だからである。しかも、日本が近代化を進める上でお手本としてきたヨーロッパやアメリカ合衆国といった先進国は、皆キリスト教の国である。そうした国では、近年、信者が教会から離れていく「世俗化」が進行しているものの、西欧近代文明が形成される上においてキリスト教が果たした役割は決定的である。

キリスト教に次いで信者が多いのがイスラム教である。イスラム教は一時、時代遅れの宗教と見なされていたものの、戦後、とくに1973年の第1次オイル・ショック以降には、イスラム教徒が多い地域が産油国になっていることもあり、その重要性は増してきた。79年にイランでイスラム革命が起こったことも、イスラム教の存在感を増すことにつながった。

ヨーロッパは、長くイスラム教を核としたオスマン帝国の脅威にさらされてきたし、近年では、イスラム教徒の移民が増えている。その点でイスラム教に対して関心をもたざるを得ないのだが、日本の場合、国内にイスラム教徒がごく少数しかいないこともあり、イスラム教への関心はさほど高くない。

近年では、「ヒジャブ」と呼ばれるスカーフを被り、一目でイスラム教徒とわかる女性の姿を街中で見かけるようにもなってきた。だが、ヨーロッパとは異なり、これまでで日本人がイスラム教徒と対立するようなこともなく、その点でも強い関心が向けられる対象にはなっていない。

イスラム教の大きな特徴としては教団を形成しないことがあげられる。モスクは礼拝のための施設ではあっても、信者がそこに所属する形はなっていない。そのため、日本人のイスラム教徒がどれだけの数にのぼるのか、正確な統計は存在しない。それでも、1万人を超える程度ではないかと推定され、ほかに国内には10万人を超える外国人のイスラム教徒が生活しているものと見なされている。

それに対して、キリスト教徒の場合、文化庁宗務課が毎年刊行している『宗教年鑑』では、令和5年版において、およそ100万人を超える信者がいるとされている。

キリスト教の主な宗派としては、カトリック、プロテスタント、それに正教会があるが、いずれも教団を形成し、信者はそれぞれの教会に所属する形をとっているので、100万人という数は実情にかなり近いものと考えられる。決して少ない数ではないし、イスラム教徒に比べれば100倍にもなるが、総人口に占める割合はわずか1パーセントである。

先進国のなかで、これほどキリスト教徒の割合が少ない国は珍しい。お隣の韓国で、戦後、キリスト教に入信する人間の数が増えたことにより、人口のおよそ30パーセントに達しているのとは対照的である。社会主義の体制のもとにある中国でも、現在では、キリスト教徒が全体の約5パーセントを占めると推定されている。それに比べても、日本のキリスト教徒の割合は相当に少ないのである。

にもかかわらず、私たち日本人はキリスト教に対して強い関心をもち続けてきた。そこには、キリスト教徒が信仰の面で「敬虔《けいけん》」であるとみなされていることが関係している。

世界においてキリスト教はおよそ23億人の信者を抱えていると言われる。信者数は膨大で、そこにはさまざまな人間が含まれている。多くのキリスト教徒は真面目に日々の生活を送っているであろうが、犯罪に手を染めるキリスト教徒も相当な数にのぼっている。そうしたキリスト教徒を敬虔な信仰者としてとらえていいのかは議論になるところである。映画『ゴッドファーザー』に描かれているように、アメリカのマフィアは敬虔な信仰をもちつつ、人を殺すことを躊躇《ちゅうちょ》しなかったのである。

そうした問題はあるにしても、私たち日本人は、キリスト教徒を敬虔な人々ととらえ、日本人全般とは対照的な信仰生活を送っていると考えている。なにしろ、自分たちは信仰においていい加減だというのが日本人の自己認識だからである。その理由としては、初詣には神社に参るのに、葬式は仏教式で行い、果ては結婚式はキリスト教式で行うことがあげられる。

そこには歴史的な経緯もあるわけだが、たしかに欧米の人たちが、そのような形で異なる宗教とかかわることはない。安息日である日曜日にはキリスト教の教会のミサに参列し、葬式も結婚式もキリスト教式であげる。その点で、欧米のキリスト教徒は敬虔である。私たちは、そのように考えてきた。

しかし、よくその中身を見ていくならば、欧米のキリスト教徒が信仰の面で敬虔であるという見方が果たして正しいのかどうか、それが揺らいでくる可能性がある。

ここではその一例としてクリスマスのことをとりあげてみたい。

●キリスト教徒にとってクリスマスは日本の正月と同じ

クリスマスは、キリスト教の開祖であるイエス・キリストが生まれた日とされている。クリスマスには、主イエス・キリストがこの世に現れたことが祝われる。

しかし、イエスの事績を記した新約聖書の「福音書」には、イエスがいったいいつ生まれたのか、日付はまったく記録されていない。季節さえ特定されていない。そもそも、四つある「福音書」においては、そこに記された出来事が、いったいどの季節のことなのかは明らかにされていない。聖書は、季節感の欠けた聖典なのである。

したがって、イエスが生誕した日を明らかにすることはできないのだが、ゲルマンやケルトといったヨーロッパの土着の信仰において、冬至の日が新しい年のはじまりとして祝われてきたため、イエスはそれに近い12月25日に生まれたとされるようになったのである。

キリスト教からすれば、ゲルマンやケルトの信仰は「異教」であり、否定されるべきものである。しかし、キリスト教がヨーロッパに浸透していくにあたっては、土着の信仰をとりいれていく必要があった。そこでこうしたことが起こったわけで、クリスマスは、日本で言えば正月にあたる行事なのである。

クリスマスにつきもののサンタクロースの場合、もとはニコラウスという聖人である。

聖人も、キリスト教において注目される存在だが、それについては本文で詳しくふれることにする。

聖ニコラウスは、アナトリア半島南西部のミラという街の司教であったとされるが、その生涯はさまざまな聖人の伝説集である『黄金伝説』に語られており、果たして実在したのかどうかもはっきりしない。トナカイに乗って世界中の子どもたちにプレゼントを渡すという伝説が誕生したのも、『黄金伝説』がもとになっている。

このようにクリスマスは、キリスト教の正統的な信仰にもとづく行事なのかどうか、そこからして怪しい。そのため、信仰の純粋さを重んじる清教徒の伝統が強いアメリカでは、長いあいだクリスマスが祝われることはなかった。キリスト教系の新宗教であるエホバの証人（ものみの塔）になると、アメリカに生まれたということもあり、現在でもクリスマスを否定している。

しかも、ヨーロッパの人たちがクリスマスの楽しみにしているのは「クリスマス・マーケット」に出かけ、飲食や買い物を楽しむことである。クリスマスのミサについては、参列者も多いかもしれないが、あくまでそれはイベントとしてであり、私たち日本人が祭のときに、神社で拝礼を行うのと変わらない。クリスマス・マーケットなど、祭の屋台と同じものなのである。

日本人が信仰にいい加減な根拠としてクリスマスを祝うことがあげられることが多い。だが、クリスマスは、純粋なキリスト教の信仰にもとづくものとは言えないし、正月の行事とその本質は共通する。私は、キリスト教徒の割合が少ないインドでクリスマスが祝われていたのを目撃したことがある。近年では、イスラム教最大の聖地メッカのあるサウジアラビアでも、クリスマスツリーが解禁されている。

クリスマスは、キリスト教の純粋な信仰にもとづくものではない。それは、宗教を問わず、世界中の人々が共通に楽しむ年中行事になっているのである。

クリスマス一つとってみても、このように、そこにはさまざまな事柄がからんでくる。そうしたことを正しく認識することは容易ではない。

●キリスト教は多くの宗派に分かれ、多様

そもそも私たちは、キリスト教に限らず、宗教を学ぶ機会には恵まれていない。中学や高校の世界史の授業などでは、キリスト教の発生や、その後の歴史について扱われるが、信仰の中身ということになれば、イエスはユダヤ教の律法主義を批判して隣人愛を説き、

最後の審判を約束したので、信者はイエスを救世主として信じたなどと説明されるだけである。

かといって、世界のキリスト教徒が、キリスト教のことを正確に理解しているとも言えない。なにしろ、キリスト教は一つではなく、大きくカトリック、プロテスタント、正教会に分かれている。正教会の信者とプロテスタントの信者ということになれば、同じ地域に共存することは少なく、その点で、お互いを理解するのは難しい。しかも、プロテスタントは多くの宗派に分かれており、正教会は国別、民族別に組織されているので、その点で多様である。

日本には仏教徒を自称する人は多いが、ただの仏教徒は存在しない。必ずどこかの宗派に属しており、浄土真宗の門徒や曹洞宗の檀徒ということになる。キリスト教でも、皆、どこかの宗派に属しており、自分たちの宗派のことは知っていても、他の宗派については知らない。日本人のキリスト教徒も、他宗派については実態を知ることはないだろう。

今から30年以上昔のことになるが、カトリックの学生たちとプロテスタントの学生たちが合同で開いた集会に呼ばれたことがあった。その際に、「主の祈り」が唱えられたのだが、カトリックとプロテスタントでは異なる唱え方をするところがあった。そのことを、私もはじめて知ったが、両派の学生たちも同様にはじめて認識したようだった。そうしたことは随所に見られるのである。

●キリスト教は政治に影響力をもつ世界第1位の宗教

キリスト教は世界第1位の宗教としての広がりをもっている以上、世界の動向に深くかかわっている。

現代においても、ロシアのウクライナ侵攻の背景には、ウクライナ正教会がモスクワ正教会から独立したのを、元へ引き戻そうという狙いがあったと言われる。

アメリカで共和党の大統領が当選するときには、キリスト教の福音派の支持が大きくものをいうとも言われている。

日本の政治にキリスト教が影響することはほとんどない。しかしそれは政教分離の原則が強調されるようになった現在でのことで、キリスト教が伝えられた当初の段階では、戦国大名のなかに「キリシタン大名」が誕生した。明治に時代が変わり、近代化が急務になったときにも、キリスト教は上流階級や知識人のあいだに深く浸透し、日本の近代国家建設に大きな影響を与えた。

大日本帝国憲法の制定にも、キリスト教は間接的な影響を与えた。その制定作業にあたった伊藤博文は、欧米社会の機軸にキリスト教があると認識し、それに代わるものとして皇室を日本社会の機軸に位置づけようとしたのである。

世界を知るためには、キリスト教についての理解を深めることが不可欠である。その点を踏まえ、キリスト教とはいったいどういう宗教なのか。なぜ世界を席巻するまでに至ったのか。これから、それについて重要な事柄にふれつつ、わかりやすく説いていきたいと考えている。

目次

第1章　キリスト教をうけいれなかった日本社会

●日本のキリスト教徒の内訳

日本にキリスト教の信者が少ないことについては、「はじめに」でふれた。

その詳細を示してみれば、次のようになる。『宗教年鑑』令和5年版によれば、カトリック教会の信者数は42万2450人である。日本ハリストス正教会教団と呼ばれる正教会が9111人である。イギリスに生まれカトリック教会と近い聖公会を含めたプロテスタント全体で47万8711人となっている。これを全部合わせると100万人弱になる。

ほかにキリスト教系の新宗教としてエホバの証人（ものみの塔聖書冊子協会）や旧統一教会（世界平和統一家庭連合）などがある。この二つの教団の信者数は『宗教年鑑』には載っていない。私が大阪商業大学の世論調査をもとに推計したところによれば、エホバが12万人で、旧統一教会が2万2000人である。この調査は、それほど規模の大きなものではないので、信者数は低く出るものと思われるので、実際にはこの数字以上の信者がいるものと考えられる。

しかし、キリスト教系の新宗教の信者数を足しても、100万人をわずかに超える程度で、日本人のキリスト教徒の数が相当に少ないのは明らかである。

●日本にキリスト教をもたらしたザビエルの2年3カ月

日本にはじめてキリスト教が伝えられたのは、戦国時代が続いていた1549年のことだった。イエズス会の創立者の一人だった修道士のフランシスコ・ザビエルが鹿児島に上陸したことによって、日本での布教活動が開始された。

西暦は、イエス・キリストの誕生した年を元年とするものであった。ところが、近年の研究では、イエスはそれよりも数年前に誕生したと考えられている。亡くなったのは紀元30年ごろであったという説が有力である。それから日本に伝えられるまで、1500年以上の歳月が流れていたことになる。

日本にキリスト教が伝えられた16世紀は、キリスト教の歴史において極めて重要な時代である。というのも、宗教改革の旗手となったマルティン・ルターが、「95箇条の意見書」を発表したのが1517年で、そこから、宗教改革の波はヨーロッパ各国に飛び火し、宗教戦争も勃発することで、ヨーロッパのキリスト教世界は大変革期を迎えたからである。

イエズス会はカトリックの修道会の一つになるが、それが結成されたのは、カトリックの側が宗教改革によって生まれたプロテスタントに対抗するためだった。そうした動きは「対抗宗教改革」と呼ばれる。ヨーロッパにおいて危機に瀕したカトリックの信仰を守るために、イエズス会は海外での宣教活動に力を入れた。その結果、ザビエルが来日し、日本で宣教活動を開始することになったのである。

一つ注目されるのが、ザビエルの来日について、日本側の資料がまったく存在しないことである。ザビエルたちの方は、書翰《しょかん》や書籍を通して詳細な記録を残している。ところが、日本側には、それを記録しようとする人間がいなかったのか、ザビエルらが日本でどのようなことを行い、それが日本人にどううけとられたかは、ザビエル側の資料でしかたどれないのである。

ザビエルの日本滞在は2年3カ月に及んだ。当時、鹿児島をおさめていた島津氏の第15代当主貴久もザビエル一行を引見し、キリスト教の宣教を許可したとされる。それによってザビエルの一行は日本人に洗礼を施し、信者を獲得していく。

ザビエルは来日してから1年のあいだに100名ほどの信者を獲得する。だが、そうなると仏教の僧侶たちからの反発が強くなり、島津貴久からはキリスト教の布教を禁止されてしまう。

そこでザビエルは、かねて望んでいた京都に向かう。ザビエルとしては、「日本の王」に謁見して、布教の許可を貰い、それでキリスト教を広めようと考えていたからである。

ザビエルの言う日本の王とは天皇のことである。

ところが、１４６７年に勃発した応仁の乱は11年間も続き、それは室町幕府を衰退させることになるが、天皇の住まう御所も荒廃し、天皇は平屋建ての粗末な家に仮住まいしているありさまだった。ザビエルは、ポルトガルのリスボンで王に謁見し、壮麗な王宮を目にしていたこともあり、そうした天皇の姿に失望し、天皇から布教の許可を得ることを断念する。

ザビエルの目からすれば、山口の領主だった大内義隆の方が、はるかに日本の王にふさわしい存在に見えた。義隆もザビエルを歓迎し、布教の許可を与えたため、ザビエルは山口で布教活動を展開する。

●日本人のための教理書「信仰箇条の説明書」の翻訳は日本人のアンジロウ

ザビエルは、最初鹿児島にいた間に、キリスト教の教えのエッセンスを日本語に翻訳した教理書を作成していた。それは「信仰箇条の説明書」と呼ばれた。これはローマ字化され、辻説法では、ザビエルとともに来日した修道士のフェルナンデスが大声で朗読した。ザビエルは、それに注釈を加えるために説法を行い、やはりフェルナンデスが通訳した。

ザビエルは、日本人が、自分たちを創造した全能の神の存在を忘れ、木や石で作った偶像を拝んでいるのは、悪魔を拝むことに等しいと批判した。また、日本人が姦通《かんつう》や男色などの罪を犯しているので、神による罰が下ると警告し、堕胎についても、それが非人間的なことだと非難した。聴衆となった日本人は、こうしたザビエルの説教に対して嘲笑したともされるが、山口では、領主の許可を得たこともあり、多くの日本人に洗礼を施すことに成功する。

しかし、ザビエルが布教の道具として使った「信仰箇条の説明書」には大きな問題があった。キリスト教で使われることばをいかに日本語に翻訳するのかという難題が待ち受けていたからである。

「信仰箇条の説明書」の翻訳を助けたのは、ザビエル一行を日本に導いたアンジロウ（ヤジロウとも）という日本人である。アンジロウは、鹿児島の武士とも商人とも言われるが、殺人を犯したため、海外に逃亡しようとした。彼は鹿児島湾に停泊していたポルトガル船に乗り込み、それでザビエルがいたマラッカにたどり着いた。アンジロウは、日本にいる間に一定の教育を受けていたようだ。

アンジロウは真言宗の信者だったようで、ザビエルから全知全能の創造神について聞かされたとき、そこから真言宗の本尊である大日如来《だいにちにょらい》を連想し、神ということばの訳語として「大日」を用いた。また、キリスト教の説く天国には「浄土」という訳語をあてた。

そのために、「信仰箇条の説明書」にもとづくザビエルの説教は、日本人の聴衆に、仏教の教えを説いたものとして受け取られた。その結果、ザビエル一行は、山口の人々の間で「天竺《てんじく》の坊主」として知られるようになった。天竺はもともとインドをさすが、ヨーロッパにも適用された。

ザビエルは、説教の際に、ほかにも仏教の用語を多用した。実は、ザビエルの側にも、神と大日とを同一視する理由があった。

そこにかかわるのが、イエスの弟子、十二使徒の一人、トマスにまつわる伝説である。トマスは、イエスの死後、アッシリアやアルメニアで伝道活動を行った後、インドに向かい、さらには、チベットを経て中国でも伝道し、ふたたびインドに戻って、そこで殉教したと伝えられている。

ならば、それを契機に中国から日本にキリスト教が伝えられていた可能性も考えられる。実際、日本の僧侶たちが用いる数珠《じゅず》や焼香、祭服や読経の仕方はキリスト教と類似している。アンジロウは、大日如来の頭部に三仏の宝冠があるのは、三位一体の神を表象するものだという説明までしていた。だからこそザビエルは、神を拝めというつもりで、「大日を拝め」と説いたのである。

ところが、ザビエルが僧侶たちに三位一体説やイエス・キリストの十字架上での死と復活の教えなどについて問いただしてみると、彼らはそれについて何も知らないことが判明した。また、山口で新しく信者になった者のなかに仏教の各宗派の教えに通じている人物がいて、神と大日とが異なるものであることをザビエルに説明した。そこでザビエルは、神を大日と呼ぶことをやめ、ラテン語の「デウス」を用いるようになる。さらに、キリスト教の教義の翻訳のために仏教用語を使うことも中止し、ラテン語やポルトガル語を用いるようにしたのだった。

●小説『沈黙』にみる日本人のキリスト教のとりいれ方

しかし、そうなると、果たして洗礼を受けた日本人は、キリスト教の教えを正しく理解することができたのだろうか。当然、そうした疑問が湧いてくる。ザビエルは、山口で短期間に500人の信者を獲得したと言うが、そうした人間の信仰についての理解が深いものであったとは考えられない。

その点を指摘しているのが、カトリックの信者で作家の遠藤周作である。遠藤の著名な作品に『沈黙』がある。これは、江戸時代の初期にキリスト教の布教が禁じられるなかで、日本に潜伏し、活動を行おうとしたポルトガル人の司祭を主人公にした物語で、2度にわたって映画化もされている。

遠藤は、日本での布教を行うなかで弾圧を受け、信仰を捨てたフェレイラという元司祭に、次のように嘆かせている。

デウスと大日と混同した日本人はその時から我々の神を彼等流に屈折させ変化させ、そして別のものをつくりあげはじめたのだ。言葉の混乱がなくなったあとも、この屈折と変化とはひそかに続けられ、お前がさっき口に出した布教がもっとも華やかな時でさえも日本人たちは基督教の神ではなく、彼等が屈折させたものを信じたのだ。（『沈黙』新潮文庫）

お前と呼ばれているのは、小説の主人公であるロドリゴのことである。フェレイラが言うには、日本人はキリスト教に改宗したとしても、唯一絶対の神そのものを信仰するのではなく、それを日本の風土に合うように変形させたものを信仰しているというのである。

日本人は、唯一絶対の神を信仰するようになったとしても、キリスト教の教義の根本にある原罪についてはまったくうけいれることができなかったとも、フェレイラは述べている。そして、日本の文化は「底なし沼」のようなもので、キリスト教はそのなかに沈み込んで、本来の形を失ってしまったというのである。

これは、日本のキリスト教、さらには超越的なものを理解し得ない日本人そのものに対する根本的な批判になっており、その点で大きな反響を巻き起こした。キリスト教の信仰をもつ作家が、日本人キリスト教徒の信仰を真っ向から否定する作品を書いたわけだから、カトリック教会からの反発も相当に大きなものとなった。

たしかに、遠藤の批判は鋭く、本質を突いているようにも見える。しかし、では、世界のキリスト教徒が唯一絶対の神のみを信仰し、原罪の教義を深く理解しているのかと言えば、それはかなり怪しい。しかも、これについてはこれから詳しく考察していくが、原罪の教義はイエスによって説かれたものではなく、後世になって次第に確立されていったものなのである。

それに、これも後で詳しく述べる「聖人崇敬」などは、ご利益《りやく》信仰の最たるものである。

日本人が、八百万《やおよろず》の神々に祈ることでご利益を期待するように、キリスト教徒は聖人にそれを求めてきた。底なし沼は日本にだけあるのではなく、世界全体に広がっている。だからこそキリスト教は世界第1位の宗教に登り詰めることができたとも言えるのである。

遠藤は、フランスに留学し文学を学んだこともある歴とした知識人である。知識人からすれば、大衆のご利益信仰は本当のキリスト教の信仰とは相容れないものに見える。だが、世界のキリスト教徒の圧倒的多数は大衆であり、知識人ではない。遠藤の批判は、日本のキリスト教徒のあり方に対して向けられたものというより、知識人の大衆批判の性格をもっていると見るべきだろう。

近代の日本社会では、知識人の信者が中心になって活動したことが、キリスト教の大衆化を阻み、それがキリスト教が日本社会に深く浸透しなかった根本的な原因になったのではないだろうか。

キリスト教を信仰する者は「キリシタン（切支丹）」と呼ばれ、江戸時代に入ると、完全に禁教になった。それでも、キリシタンの信仰を守り続けようとする人間たちもいて、彼らは「隠れキリシタン」として潜伏生活を送った。その間に、キリシタンの信仰は日本の土着信仰と混じり合ってしまったとも言われるが、イエズス会などが伝えた信仰には、聖人崇敬やマリア崇敬など土俗的な要素が多分に含まれていた可能性がある。日本の土着信仰との習合は、その点で必然的なものであった。

幕末の日本は開国を迫られることになり、それにともなって欧米諸国からは宣教師が来日し、布教活動を展開するようになる。徳川幕府が倒れ、明治時代になっても、政府は最初キリスト教を禁教としたが、欧米諸国の圧力で禁教を解かざるを得なくなる。日本の側にも、近代化をとげるには近代西欧文明の核心にあるキリスト教をとりいれなければならないという思いも働いていた。

16世紀の時点で、日本に入ってきた宣教師は皆、カトリックだった。ところが、幕末以降になると、カトリックだけではなく、プロテスタント諸派も正教会も日本に宣教師を送り込むようになった。とくにプロテスタントの場合には、教会の権威を否定し、聖書にもとづいて個々の人間が信仰を確立していくことを重視するので、信仰内容はカトリックに比べて合理主義的なものであった。

日本人のなかでキリスト教にとくに強い関心を示したのが、江戸時代には武士だった士族階級で、彼らは、キリスト教をとりいれることによって、日本にも近代文明を築き上げていくことを目指した。その点で、明治以降のキリスト教は知的なもの、文化的なものに傾いていった。宣教師たちが力を入れたのも、教育や医療、あるいは社会福祉の分野で、キリスト教の精神にもとづく学校や病院、施設が次々と建てられていった。

そこに、日本における明治以降のキリスト教受容の大きな特徴があった。そして、その分、大衆に対する布教という側面は、さほど重視されなかった。そのことが、日本でキリスト教の信仰を大きく拡大させることを妨げたとも言えるのである。

16世紀にキリスト教がとりいれられたとき、最初ザビエルは鹿児島に上陸し、以降、鹿児島や山口など、日本の西の地域で布教活動を展開した。そうした地域には、古代から政治の中心になってきた奈良や京都、あるいは鎌倉とは異なり、有力な仏教寺院は存在しなかった。それは、仏教の信仰がそうした地域において深く浸透していなかったことを意味する。キリスト教がその空白を埋めたのかもしれないのだ。

●江戸時代は寺請制度の導入で仏教と神道が融合した信仰がうけいれられた

江戸時代になると、徳川幕府は寺請制度を導入し、仏教寺院に行政機構の末端を担う役割を与えたため、それぞれの家は地域にある仏教寺院の檀家になることを強制された。これによって、一般民衆にも仏教の信仰が深く浸透していくことになるのだが、16世紀の段階では、そうした状況は生まれていなかった。鹿児島や山口でキリスト教の洗礼を受ける人間が数多く現れたのも、そうしたことが背景にあった。

ところが、江戸時代が長く続いたこともあり、寺請制度は全国に広がり、一般の民衆は土着の神道と仏教をともに信仰するようになっていく。各地域の村には、菩提寺となる寺だけではなく神社も設けられ、仏教と神道が融合した信仰が広くうけいれられ、実践されるようになったのである。

そうした信仰のあり方は、一般民衆の生活に即したものでもあった。というのも、神社は地域の氏神であり、村という共同体を結束させる役割を果たしたからである。一方で、菩提寺としての寺は、それぞれの家の先祖供養を担い、家を存続させ、繁栄させることに貢献した。

日本人の宗教生活に多大な影響を与えた中国や朝鮮半島においては、そうした状況が生まれなかった。中国では、道教を信仰した皇帝によってたびたび「廃仏」が行われ、仏教の信仰は衰退した。

しかも、上層階級の倫理道徳の基盤となったのは儒教であり、その点でも仏教の信仰は大きな力を発揮できなかった。朝鮮半島では、とくに李氏朝鮮が成立した時代に、儒教が力を得て、仏教は抑圧された。

日本では、権力者が儒教や道教を信奉し、仏教を抑圧するということはなかった。明治に時代が代わった時点で、神仏判然令が出され、「神仏分離」が行われるとともに、自然発生的に「廃仏毀釈」が起こった。その際には、仏教寺院や仏像が破壊されるまでに至ったものの、それは一時のことに終わった。

明治になると、寺請制度も廃止され、それぞれの家は菩提寺の檀家になることを強制されなくなった。ただし、農業を中心とした家のあり方は江戸時代と変わらず、檀家は菩提寺との関係を断ち切ることはなかった。つまり、江戸時代に定着した信仰生活のあり方に根本的な変化はなく、人々は、神道と仏教をともに信仰し続け、神社や寺院との関係を継続したのである。

その点で、一般民衆のあいだで、宗教に対する需要は十分に満たされていた。キリスト教の信仰を新たにとりいれなければならない必然性はなかった。そこに、近代以降の日本社会にキリスト教が浸透しなかった根本的な原因がある。

●「漢江の奇跡」を機に韓国のキリスト教は勢力を拡大する

韓国では戦後、「漢江の奇跡」と呼ばれた経済成長が起こった。それは、日本の高度経済成長に少し遅れてはじまったものである。その際には産業構造の転換が起こり、ソウルへの一極集中という事態が生まれた。日本の高度経済成長の時代には、都市に出てきた労働力が創価学会をはじめとする新宗教の教団に吸収され、そうした教団を巨大化することに結びついたが、韓国では、同じ役割をキリスト教の教会が担うことになったのだ。

それも、儒教体制による抑圧が長く続き、仏教が力を失っていたからである。その代わりに、韓国のキリスト教は、土着のシャーマニズムをとりいれていった。病気直しや現世利益の実現といった民衆の要望を満たすことで、その勢力を拡大していったのだ。

韓国のキリスト教は、日本のような上層階級、知識人のためのものではない。牧師はシャーマンのように神憑《かみがか》りし、霊的な能力を示すことで、民衆の信仰を集めていった。明治以降の日本では、そうした事態は起こらなかった（そのあたりのことは、崔吉城『キリスト教とシャーマニズム―なぜ韓国にはクリスチャンが多いのか』ちくま新書に述べられている）。

●宗教の日本化、「無教会主義」と「無教会派」

さらに近代日本の場合には、キリスト教の「日本化」という事態も生まれた。それが、「無教会主義」、「無教会派」の出現である。

明治時代には、知識人のなかにキリスト教の信仰をもつようになった人物が数多く現れたわけだが、札幌バンド、横浜バンド、熊本バンドといったプロテスタントの宗教的な結社も生まれた。これが日本にプロテスタントの信仰を広めていく基盤になるのだが、札幌バンドの中心になったのが新渡戸稲造や内村鑑三だった。この二人は、公立の学校であるにもかかわらずキリスト教の教育が実践された札幌農学校の出身者だった。

新渡戸は、日本の武士道のなかにキリスト教の精神と共通したものを見出し、それを『武士道』という英文の著作にまとめたことで知られる。この本は1899年に刊行されるが、日本が日清戦争、さらには日露戦争に勝利したことで、海外でも大きな関心を集めた。アメリカのルーズベルト大統領も『武士道』の読者だった。

一方、内村が提唱したのが「無教会主義」だった。無教会主義の特徴は、何よりも教会を建てないところにあった。これから述べていくように、キリスト教において、教会という存在は決定的に重要である。

教会は礼拝施設であり、その点では、神社や寺院、イスラム教のモスクと共通するが、とくにカトリックや正教会の教会には、信者を救済する機能が備わっていると考えられてきた。プロテスタントでは、教会に救済の機能は期待されないが、そこが活動の拠点であることに変わりはない。

内村は、キリスト教を生んだイエスや、ローマ帝国にキリスト教を広めたパウロの時代に教会が存在しなかったことを踏まえ、そうした原点に還ることを目指して無教会というあり方を選択した。教会を建てない代わりに、聖書について学ぶ聖書研究会を開き、聖書についての講義や講話を行った。賛美歌を歌ったり、簡単な礼拝を行うこともあったが、専門の牧師を生むこともなかった。

そこには内村自身の苦い体験があった。内村は、札幌農学校で学んでいた時代に、一学年上の先輩たちに説得されキリスト教の信仰をもつに至るが、校長であったウィリアム・スミス・クラークの影響も強く受けた。クラークは、「Boys, be ambitious（青年よ、大志を抱け）」のことばで知られる。

ところが、アメリカに留学した内村は、クラークが投資家に転身していたことを知り、それに落胆した。さらには、拝金主義の傾向が強かった当時のアメリカ社会に幻滅し、アメリカ人のキリスト教徒の偽善的な態度にも失望する。それでも内村は、入学したアマースト大学の総長であったシーリーに感化され、回心も経験しているが、こうしたアメリカでの体験があったために、帰国後は無教会主義を唱えるようになったのだ。

内村の影響を受けた日本の知識人や著名人は少なくない。知識人は合理的な信仰のあり方を求め、逆に、大衆が望むようなご利益信仰には否定的である。無教会主義は、個人の内面での信仰を重視し、病気治しのようなご利益を強調しないので、知識人にはうけいれやすいものだった。そのなかからは、聖書やキリスト教の研究者も数多く現れ、その点でも日本のキリスト教界に大きな影響を与えることとなった。

無教会派の代表的な知識人に矢内原忠雄《やないはらただお》がいる。矢内原は旧制第一高校（今の東大教養学部）の生徒だったときに内村の聖書研究会に参加し、それから生涯にわたって無教会主義の立場を貫いた。

矢内原は、戦前に母校である東京帝国大学の教授になるが、盧溝橋事件や南京大虐殺を批判したことから教壇を追われる。それでも戦後に大学に復帰し、東大総長にも就任した。矢内原の前任の総長だった南原繁もやはり内村の弟子で無教会主義だったので、無教会主義は東大の学生たちに大きな影響を与えることとなった。

その矢内原と親交があった一人に、漫画『サザエさん』の作者である長谷川町子がいた。彼女の自伝的な漫画エッセイ『サザエさんうちあけ話』（朝日新聞出版）には、その経緯が描かれている。長谷川町子は、熱心なキリスト教の信仰をもっていた母親に連れられて矢内原の聖書研究会に参加しており、彼女の妹の結婚式を司式したのも矢内原だった。

このように内村の唱えた無教会主義は、日本のキリスト教信仰に大きな影響を与えた。しかし、内村の死後、聖書研究会は解散になり、それ以降、内村が存命であった時代と比較して、大きな広がりをもったとは言えない。そこには、内村にあった独自の「カリスマ」が影響を及ぼしているが、教会という組織が存在しなかったことが、無教会主義の継続性を妨げたとも言えるのである。

●同志社大学構内での学生たちの神秘体験

もう一つ、日本でキリスト教が広がるきっかかになる可能性を秘めていた出来事があった。それは創立から間もない同志社大学でのことだった。学生たちのあいだに突如、聖霊が降臨し、それが大きな騒ぎに発展する出来事が起こったのである。

同志社大学は、新島襄《じょう》によって創立された。新島は上州安中藩の藩士の子どもとして生まれ、まだ江戸時代だった段階でアメリカに渡った。そこで受洗してキリスト教徒となり、後に内村鑑三も学ぶこととなったアマースト大学を卒業した。日本に戻ってきてからは、同志社大学の前身となる同志社英学校を設立し、それが1912年の同志社大学開校に結びついた。

事件が起こったのは、内村がアメリカに渡った1884年の3月のことだった。すでにその前年の秋には、同志社のなかに、キリスト教に対する強い信仰をもつ人間が現れていた。そして、3月8日の夜、新原という学生が涙を流しながら祈り、エクスタシーの境地に入るという出来事が起こった。

新原は、自分が体験した喜びを自分だけのものにしておくことができず、翌朝になると、片っ端から会った人間に自分に起こった出来事を語るようになる。新原は、それ以前の段階で、すでにキリスト教の信者になってはいたものの、必ずしも熱心な信者ではなかった。

新原は、自分が感動したのは、聖霊が降《くだ》ったからだと主張し、いかなる苦難が訪れようと、自分は伝道に出ると言い張った。すると、ほかの学生のなかにも、新原と同じような体験をした人間が次々と現れるようになり、聖霊の降臨への熱い思いが学内に蔓延していった。

聖霊の降臨を体験した学生たちのなかには、すぐにでも伝道に出かけようとする者も現れた。だが、大学の授業期間だったこともあり、教員たちの側は休みまで待つように反対した。それによって、教員と学生との間に激しい論争が起こり、創立者の新島が泣いて説得にあたる場面さえ訪れた。

すべての学生が聖霊の降臨を体験したわけではない。体験できない学生も少なくなかった。彼らは、それによって降臨の価値を否定するのではなく、自らが神によって見捨てられたと考えるようになった。なかには、絶望して庭に倒れ込む学生もいた。ただ、こうした状態は長続きせず、すぐに沈静化していった。

●アメリカでのキリスト教の「大覚醒」は独立戦争をきっかけに

この出来事から思い起こされるのが、イギリス、とくにアメリカで起こった「大覚醒」である。大覚醒の波はアメリカに幾度か訪れるが、とくに18世紀中ごろには大きなものになった。

当時のアメリカはまだイギリスの植民地だった。独立戦争によって独立を勝ち得るのは1775年からはじまる独立戦争によってだった。最初、植民地は東海岸に生まれるが、それが次第に西へと向かい、原住民を駆逐しながら開拓地を広げていった。

当初、イギリスからアメリカに渡って来た人間のなかには、自分たちの信仰を守ろうとする清教徒が含まれていたものの、次第に、西部開拓に力を入れる人間たちが増えていった。彼らには信仰心は薄く、開拓地には教会も建てられなかった。

そこで、イギリスから渡ってきたり、アメリカに生まれた説教師たちは、屋外にテントを張り、そこに聴衆を集め、集会を開いた。説教師たちは、いかに人間が罪深いかを強調する説教を行い、開拓者たちの信仰心を覚醒させようと試みた。

そうした説教は相当に激しいもので、集会では、自らの罪深さを自覚し、「回心」をとげる人間が続出した。これがやがて、アメリカに熱心なキリスト教徒を生み出していく原動力となった。

キリスト教においては、信仰に目覚める回心という出来事は極めて重要な意味をもっている。ローマ帝国にキリスト教を広めたパウロも、原罪の教義を確立する上で重要な働きをしたアウグスティヌスも回心を経験している。

同志社の学生たちも、そうした回心を体験したとも言えるが、それはたんに聖霊の降臨にとどまり、自らの罪深さの自覚にまでは結びつかなかったように見える。しかもそれは自然発生的なもので、説教師が広めたものではなかった。また、同志社の学生はエリートであり、その出来事は大学の外側にいる一般の民衆にまでは広がらなかった。その点でも、大覚醒とは大きく異なっていた。日本では、大覚醒にあたるような出来事は、キリスト教が伝えられて以来、起こってはいないのである。

●戦後、キリスト教化を望んだマッカーサー

ふたたびキリスト教が大きく広がる可能性が開かれたのが、終戦直後のことである。日本は第2次世界大戦に敗れ、連合国による占領という事態を経験することになったのだが、その時期には、キリスト教が日本社会に広まっていく可能性が生まれた。

というのも、占領政策の中心にあったGHQの総司令官であったダグラス・マッカーサーは、戦後の日本がキリスト教化されることを強く望んだからである。

GHQの占領政策について研究した中野毅《つよし》は、『戦後日本の宗教と政治』（大明堂）のなかで、マッカーサーが、岐阜県に在住していた宣教師のホゥウェル女史に宛てた手紙のなかで、「私は日本がキリスト教化されるであろうとの希望と信念をもっていることを理解して欲しい。そのために私はあらゆる努力をはらっているのであって、日本にいる宣教

師一人につき千人位づついて欲しいと願っている」と書いていたことを紹介している。また、やはり中野によれば、ＧＨＱの資料のなかには、宣教師の出入国にかんする詳細な記録が残されており、ＧＨＱは宣教師の活動を背後から積極的に支援していたという。

マッカーサーの宗教観については、ＧＨＱの民間情報教育局で宗教政策について助言を行ったウィリアム・ウッダードも、『天皇と神道―ＧＨＱの宗教政策』（阿部美哉訳、サイマル出版会）の第７章「マッカーサーと天皇」で、次のように述べている。

マッカーサー将軍は特定の教派の信者ではなかったが、自分流のやり方での宗教者であった。将軍は明らかに、山上の垂訓が重視する偉大な道徳的戒律をこの信仰の本質だと考えていた。マッカーサー将軍は、必要なときに神に召されたという意識と、神はいつも将軍の側に立っているという確信に満ち、いわばメシア・コンプレックスに陥っていたといえる。公式発言のたびに将軍は、神に呼びかけて尊い導きにたいする感謝を述べた。

マッカーサーは、占領の初期の段階において、公式のメッセージや新聞発表のなかでキリスト教に有利なコメントを発していた。国際基督教大学が設立される際には募金委員会の名誉会長も引き受けた。

さらには相当に多忙であったにもかかわらず、西側の宗教団体の代表たちと会う時間を確保していた。南部バステスト会議の議長に宛てた1946年12月13日付の書簡では、「キリスト教は、極東においていまだ前例のない好機に際会している。これを十分に活用するならば、日本のみならず文明そのものの展開に深く浸透する精神的革命をもたらす効果が期待できると確信する」とまで書いていた。

15世紀半ばからはじまる大航海時代以降、キリスト教はヨーロッパから他の大陸に広がっていくことになるが、その際に、植民者や彼らに同行したキリスト教の宣教師たちは、キリスト教こそが優れた宗教であり、その信仰を知らない人間たちにそれを伝えることは、文明人の使命であると考えていた。

ヨーロッパの人間としてはじめてアメリカに到達したコロンブスの場合にも、そうした意識があり、彼はキリスト教で説かれる終末論の信奉者でもあった。インカ帝国を征服したスペインのピサロや、アステカ王国を征服したコルテスにもそうした意識があった。

マッカーサーにもその傾向が強くあったわけで、戦後、アメリカやカナダからキリスト教の宣教団が来日し、精力的な活動を展開したことで、キリスト教ブームが訪れ、信者の数も増えていった。

しかし、そうした機会においてもキリスト教の大衆化は十分な形では進められなかった。高度経済成長の時代に入って、労働力として都会に出てきた人間をとらえたのは、仏教系や神道系の新宗教であった。韓国のように、キリスト教が、そうした人間のこころをつかむことにはならなかったのである。

その結果、近代日本社会におけるキリスト教は、上流階級や知識人の宗教として受容され、大衆化は進まないままとなった。大衆化しなければ、信者の数は増えない。既成の神道と仏教の壁は厚く、キリスト教は少数派に留まったのだ。

しかし、一方で、キリスト教の影響は教育、医療、社会福祉の分野では大きなものになった。文学の方面でも、遠藤周作が代表者の一人になるわけだが、「キリスト教文学」として多大な影響を与えた。

音楽の方面では、「キリスト教音楽」という言い方はされなかったが、とくにクラシック音楽の場合には、背景にはキリスト教の信仰がある。バッハなどはその典型だが、ほかの作曲家も、キリスト教の信仰に深くかかわる曲を書いている。それは、ジャズやポピュラー音楽についても言えることで、アメリカの奏者は、神を讃える内容の曲を演奏してきた。

拙著『ジョン・レノンは、なぜ神を信じなかったのか　ロックとキリスト教』（イースト新書）で論じたように、とくにアメリカのロックにはアメリカ独自のキリスト教音楽、ゴスペルの影響が極めて強い。「キング・オブ・ロックンロール」と呼ばれたエルビス・プレスリーもゴスペルの愛唱家であり、グラミー賞もゴスペル部門で受賞している。

●日本人はキリスト教を信仰ではなく、文化としてうけいれた

その点で、日本人はキリスト教を信仰としてではなく、文化としてうけいれたとも言えるのだが、そうした形での受容が進んだ背景になる事柄は存在した。

キリスト教の信仰を基盤にした「ミッション・スクール」は、数多く設立され、多くの日本人がそこで学んできた。名門と言われる学校も少なくない。

私は、その一つである東京女子大学の非常勤講師として11年間にわたって教えた経験をもっている。大学のキャンパスのなかには礼拝堂があり、「宗教週間」という催し物もあるが、学生のなかにキリスト教の信者はほとんどいなかった。最近になればなるほど、そ

の数は少なくなったようにさえ思えた。学生が信者かどうかは、レポートを書かせてみるとわかる。そうした意図をもってレポートを出すわけではないが、宗教学の授業である以上、キリスト教について書く機会は多くなり、それで自ずと信仰をもっているかどうかはわかってくるのである。

ただ、学生たちに聞いてみると、東京女子大を選んだのは、キリスト教について学べるからだという理由をあげる者が少なくなかった。たしかに、キリスト教や聖書についての授業は必修科目になっている。

近代になってキリスト教がふたたび日本にとりいれられる前、江戸時代において、日本人の倫理道徳の基盤には儒教があった。儒教から発展した朱子学は幕府や各藩の公式の学問であった。朱子学には仏教の影響もあるが、仏教は、本質的に世俗の価値を否定する出家を重んじる宗教であり、世俗社会の倫理道徳の基盤となる役割は果たせない。

ところが、明治になると、近代化を果たすという重要な課題が生まれ、いかに西欧の社会に近づくかが目的となった。そのため、儒教は学問の世界から追放され、新たに設けられた大学ではもっぱら西欧近代の学問が学ばれることになった。それは、儒教を倫理道徳の基盤の座から追放することにもなった。

その結果、上流階級や知識人に受容されたキリスト教が儒教に代わる役割を果たすようになり、日本社会における新たな倫理道徳の基盤の役割を果たすこととなった。その教育を担ったのが、ミッション・スクールだったのである。

しかし、そこに一つ大きな問題があった。

ミッション・スクールの出身者には、上流階級の子弟が多いわけで、もしそうした人間たちが学校で教育を受けることで、次々とキリスト教に改宗していったとしたら、神道や仏教の信仰を否定するようになっていくかもしれない。冠婚葬祭は神道や仏教と深くかかわっており、キリスト教の信仰と相容れない部分をもっている。

となると、改宗したミッション・スクールの出身者が、地域の神社の祭礼や仏教式の葬儀への参列を、信仰を理由に拒否する可能性が出てくる。そうなると、とくに上層階級の家庭が円滑な社会生活を送ることに支障をきたす可能性が出てくる。

そうしたことがあるために、キリスト教の信仰をもつことが好まれなかったのではないだろうか。少なくとも、信仰をもつことは奨励されてこなかった。ミッション・スクールの側が、生徒や学生に信仰を強く勧めていたとしたら、親はそこに子どもを進学させないであろう。僧侶が、自分の娘をミッション・スクールに進学させたりするのも、改宗の可能性がないと判断しているからである。

ここにも、キリスト教の信仰が広がらなかった理由を見出すことができる。日本の社会は、キリスト教が儒教に代わって新たな倫理道徳の規範を提供してくれることを望んだものの、キリスト教の役割はそこに限定され、信仰としての広がりをもつことは求められなかったのである。

こうした形がとられた国は、日本以外には存在しない。

●キリスト教の信仰は衰退傾向にある。教会跡地はイスラム教モスクへ？

日本ではキリスト教への関心は高く、また理解もかなりの程度進んでいる。ミッション・スクールの出身者が多いことも、そこに結びついている。

しかし、信仰としてのキリスト教はうけいれられなかった。近世、近代、そして戦後と、3度にわたってキリスト教の信仰が拡大する機会がめぐってきて、実際、キリスト教の側は熱心に布教活動を展開したものの、信者は大きくは増えなかった。

しかも、最近になるとキリスト教の信仰はむしろ衰退の傾向を示している。それは先進国に共通の現象で、西ヨーロッパでは、教会離れが進行している。アメリカでは、西ヨーロッパとは異なり、教会離れが著しく進んでいるわけではなく、とくにプロテスタントの福音派はかなりの勢力を維持しているものの、徐々に信者の数は減っている。

日本では、キリスト教以上に神道や仏教の信者の数は減っており、戦後急増した新宗教も大きく信者数を減らしている。その点で、日本においてキリスト教だけが衰えているわけではないが、もともと少数派であるだけに、その影響は大きい。大衆化、土着化しなかった分、日本のキリスト教は熱心な信者によって支えられてきたのだが、そうした人間がいなくなれば、やがて教会を維持していくことも難しくなっていくであろう。キリスト教の信仰をもつ作家も現れなくなり、キリスト教文学は注目されなくなってきた。

西ヨーロッパでは、信者の数が減ったことで、キリスト教の教会が閉鎖され、売却されることも珍しくなくなっている。転売先としては、住宅や天井の高さからサーカスの練習場といったものもあるが、もっとも多いケースはイスラム教のモスクである。それも、イスラム教の信仰をもつ移民が増えてきたからである。

日本でキリスト教の教会が売却され、それが話題になることはまだない。だが、今後、そうした事態が起こっても不思議ではないのである。

このように、日本の社会はキリスト教を広くうけいれることはなかったのだが、世界を見渡してみれば、キリスト教は信者の数で世界第1位の宗教である。なぜ、キリスト教はそうした地位を獲得できたのであろうか。これからその原因について考えていくが、まずは、最初にローマ帝国においてキリスト教が広がっていった要因について考えてみたい。

第2章　キリスト教の本当の開祖は誰なのか

世界にはさまざまな宗教が存在する。主なものをあげれば、キリスト教、イスラム教、仏教、ユダヤ教、ヒンドゥー教、ジャイナ教、シク教、ゾロアスター教、儒教、道教であり、日本に独自なものとして神道がある。

マニ教のように、一時は勢力を拡大し、キリスト教のライバルとなったものの、今では実質的に消滅してしまった宗教もある。「実質的に」と言うのは、中国には、マニ教を信奉していると称する村が、まだあるからである。その村では、開祖であるマニが祀られているものの、中国の民間信仰と完全に融合してしまっており、マニ教の信仰が存続しているとまでは言えない。

●イエス・キリストはキリスト教の創唱者なのか

宗教の分け方には、「世界宗教」と「民族宗教」とがある。それは、「創唱宗教」と「自然宗教」とも呼ばれる。世界宗教と言えるのは、キリスト教、イスラム教、それに仏教である。

キリスト教は、イエス・キリストという個人の名に由来する。イエスの方は、ユダヤの社会で一般的な人名だが、キリストの方は普通名詞で、「油を注がれた者」を意味する。

それは本来、政治的な支配者としての王のことをさしている。ただし、タキトゥスなどの古代ローマの歴史家たちは、キリストを固有名詞として理解していたとも言われる。

一般には、イエスはキリスト教の創唱者であるとされる。しかし、果たしてそう言いきることができるのかどうかは、かなり難しい問題である。というのも、創唱者は独自の教えを説いた人物になるわけだが、イエスがキリスト教の教えの核心を形作ったかと言えば、必ずしもそうではないからである。

たとえば、キリスト教の大きな特徴として、「聖職者」の存在がある。聖職者は宗教家全般をさして使われることもあり、その場合には、イスラム教のイマームや神道の神主なども含まれる。一般の教師が聖職者とされることもある。

それが広い意味での聖職者だが、それを狭く限定し、独身の宗教家のみをさすこともある。これに該当するのは、キリスト教のカトリックと正教会における神父や修道士、仏教の僧侶である。イスラム教には、そうした存在はおらず、イマームやイスラム教の法学者であるウラマーは、皆俗人である。

なぜキリスト教にそうした狭い意味での聖職者が生まれたのか。その根拠になるのは、イエスが生涯にわたって独身を貫いたことがあげられる。しかし、イエスは独身でいることの価値を説いたわけではない。ただ独身のまま亡くなってしまったのだとも言える。むしろ独身でいることの価値を説いたのは、イエスの死後の弟子となったパウロである。

キリスト教の聖典は、「聖書」と呼ばれ、それは「旧約聖書」と「新約聖書」に分かれている。旧約聖書の方は、もともとは「トーラー」をはじめとするユダヤ教の聖典で、それをキリスト教がとりいれたものである。内容は同一だが、そこに含まれる文書の分類の仕方や並べ方は、二つの宗教で異なっている。ユダヤ教の聖典は「タナハ」と呼ばれ、トーラーはその最初の五つの文書、「モーセ五書」のことをさす。

新約聖書の方は、イエスの事績を記した「福音書」からはじまるが、そこには、パウロが仲間となったキリスト教の信者たちに送った数々の書簡が含まれている。そのうちの一つ、「コリントの信徒への手紙1」には、「未婚者とやもめに言いますが、皆わたしのように独りでいるのがよいでしょう」（7章8節）と独身でいることを勧めることばが出てくる（聖書からの引用は、基本的に日本聖書協会の『新共同訳』による）。

ただ、同じ書簡のなかでパウロは、十二使徒のなかの最重要人物であるペテロが宣教活動を行う際に妻を連れていたと述べている。「マルコによる福音書」でも、ペテロの姑のことが出てくるので、そこからも彼が結婚していたことがわかる。キリスト教において聖職者は独身でなければならないと定められたのは12世紀になってからだともされる。

聖職者に独身であることを最初に求めたのはイエスではなく、パウロであったことになる。キリスト教の教えがイエスからはじまるわけではない例はさまざまにある。カトリック教会では、キリスト教の教義の根本に位置づけられた「原罪」の教えなども、イエスが説いたものではない。それは、ラテン語で著作活動を展開した「ラテン教父」の代表であるアウグスティヌスに由来する。この点でも、イエスをキリスト教の創唱者としてとらえていいのか、それが問題になってくる。

キリスト教の信者は、イエスを「神の子」としてとらえている。「マルコによる福音書」には、イエスが神に向かって「父よ」と呼びかける箇所がある（14章36節）。また、「ヨハネによる福音書」では、「この方こそ神の子である」（1章34節）といった形で、イエスが神の子であることがくり返し述べられている。

「ルカによる福音書」では、イエスの母であるマリアは、聖霊によって神の子を身籠もったとされ、それは「処女懐胎」であったとされる。日本では、マリアのことは「聖母マリア」と呼ばれるのが一般的だが、欧米では「処女マリア」と呼ばれることの方が普通である。それだけ処女性が重視されていることになるが、処女懐胎の事実が天使によって伝えられた行為は「受胎告知」と呼ばれる。受胎告知は、「マタイによる福音書」では、夫であるヨセフの夢のなかでなされ、「ルカによる福音書」では、直接マリアに対してなされる。

後になると、キリスト教の中心的な教義として「三位一体説」が成立するが、そこでは、神と神の子イエス、そして聖霊は一体であるとされる。それによって、イエスは神と等しい存在としてキリスト教徒の信仰を集めることとなった。イエスを創唱者としてとらえることが難しいのも、神として信仰の対象になっているからである。

●キリスト教以外の創唱宗教の場合

キリスト教以外の創唱宗教においてはどうだろうか。

仏教の場合、釈迦が創唱者にあたる。釈迦は王族の家に生まれたとされており、その点では間違いなく人間である。結婚し、子どもまでもうけたにもかかわらず、生老病死という人生の苦に直面し、そこから出家し、修行の果てに悟りを開き、「仏」になったとされる。後の大乗仏教では、仏は神と同様に超越的な存在として崇拝の対象にもなっていくが、もともとの釈迦にはそうした性格はなかった。

イスラム教になると、歴史的に新しいということもあり、創唱者のムハンマドの生涯は、一般の人間と変わらないものとして描かれている。ムハンマドこそもっとも信仰に篤い人間だったととらえられてはいるが、あくまで神の啓示を受けた人間であり、神と同一視され、崇拝の対象になっているわけではない。

イエスについては、十字架に架けられて殺され、その後に復活したという伝説がある。釈迦も、その死は「涅槃《ねはん》」として究極の悟りと見なされている。それに比較した場合、ムハンマドは自然死をとげただけで、その死に宗教的な意味は与えられていない。

要するに、イエスは必ずしもキリスト教の創唱者とはとらえられないわけである。むしろ、信仰の対象である。問わなければならないのは、誰がイエスに対する信仰を確立し、それを広めたかである。その点に、これまでもふれてきたパウロの重要性がある。

●イエスは果たして実在したのか

パウロの信仰について見ていく前に、確認しておかなければならないことがある。それは、そもそも神と等しい存在として、キリスト教徒の信仰の対象になったイエスが、実在したのかどうかについてである。

山川出版社が刊行している「宗教の世界史」というシリーズがあり、そのなかに松本宣郎編『キリスト教の歴史1』（山川出版社）がある。編者の松本は、イエスについて、「彼の実在性に疑いの余地はない」と断言している。

では、何がその根拠になるのだろうか。松本は、「新約聖書以外の、ヨセフスやタキトゥスの証言が知られ、何より新約の福音書、使徒言行録、書簡の一貫した、イエスの存在を跡づける叙述」が根拠になるとしている。たしかに、新約聖書の福音書においては、イエスの事績が語られ、使徒言行録では、十二使徒を中心としたイエスの弟子たちの活動について語られている。それは一貫した物語になっており、パウロをはじめとする使徒の書簡はそれを裏づけた形になっている。

松本のあげたヨセフスとは、帝政ローマ時代の政治家で著述家である。その著作である『ユダヤ古代誌』には、イエスについて次のような形で言及されている。

さてこのころ、イエススという賢人──実際に、彼を人と呼ぶことが許されるならば──が現われた。彼は奇跡を行う者であり、また、喜んで真理を受け入れる人たちの教師でもあった。そして、多くのユダヤ人と少なからざるギリシャ人とを帰依させた。彼こそはクリストス（キリスト）だったのである。

ピラトスは、彼がわれわれの指導者たちによって告発されると、十字架刑の判決を下したが、最初に彼を愛するようになった者たちは、彼を見捨てようとはしなかった。すると彼は三日目に復活して、彼らの中にその姿を見せた。すでに神の預言者たちは、これらのことや、さらに、彼に関するその他無数の驚嘆すべき事柄を語っていたが、それが実現したのである。

なお、彼の名にちなんでクリスティアノイ（キリスト教徒）と呼ばれる族は、その後現在にいたるまで、連綿として残っている。（『ユダヤ古代誌』6、秦剛平訳、ちくま学芸文庫）

ここで述べられたことは福音書と重なっており、イエスの実在を示しているように読める。しかし問題は、ヨセフスの著作がいつ書かれたかである。

ヨセフスの生没年は紀元37年から100年ごろとされ、『ユダヤ古代誌』を完成させたのは95年ごろとされている。つまり、ヨセフスが誕生したのは、イエスが亡くなった直後の段階である。ヨセフスは、イエスが生きていた時代には、まだこの世に生を受けていなかった。『ユダヤ古代誌』は、イエスと同時代の資料ではない。それは、イエスの歿後《ぼつご》60

年が経過した時点で完成されたものなのである。

では、タキトゥスの場合はどうだろうか。タキトゥスは、「そこでネロは、この風評（彼がローマに放火を命じたこと）をもみ消そうとして、身代わりの被告をこしらえ、これに大変手の込んだ罰を加える。それは、日ごろから忌まわしい行為で世人から恨み憎まれ、『クリストゥス信奉者』と呼ばれていた者たちである。この一派の呼び名の起因となったクリストゥスなる者は、ティベリウスの治世下に、元首属吏ポンティウス・ピラトゥスによって処刑されていた」（『年代記』下、国原吉之助訳、岩波文庫）と述べている。

タキトゥスが生まれたのは、ヨセフスより遅く紀元後55年ごろである。タキトゥスはローマ帝国の皇帝であったネロによるキリスト教徒の迫害について述べているが、ネロが自殺したのは68年のことで、タキトゥスはまだ子どもだった。タキトゥスの記述も、イエスの死からかなり経ってからのもので、少なくとも同時代の資料ではない。

つまり、イエスと同時代に記された資料は存在せず、あってもそれはイエスの死後かなり時間が経ってから書かれたものである。後世に書かれたものによって直接イエスの実在を証明するのは難しい。

となると、問題になってくるのは、新約聖書の記述が正しいのかどうかである。

●四つの福音書はいつ成立したのか

イエスの事績は、四つの福音書に記されている。マタイ、マルコ、ルカ、ヨハネの各福音書である。同じ人物についての伝記が四つも存在すること自体、混乱を生むことにもなる。

このうち、ヨハネは成立がもっとも遅く、内容も他の三つとはかなり異なっており、神学的な内容になっている。したがって、マタイ、マルコ、ルカが、内容に共通性があることで「共観福音書」と呼ばれるのに対して、ヨハネはそこに含まれていない。

では、共観福音書の記述は共通しているのだろうか。イエスの生まれについての部分を比較してみたい。

マタイでは、その冒頭においてイエスに至る系譜が記されている。イエスの祖先は、旧約聖書に登場するアブラハムで、イスラエルを統一したダビデ王もその系譜につらなっている。そして、東方の三博士がイエスの誕生を知ってやってくる話が出てくる。

これに対してマルコでは、イエスの生まれについては何も述べられていない。まず洗礼者ヨハネのことが語られ、ヨハネによってイエスが洗礼を授けられたと述べられている。マリアのことは、いっさい出てこない。

ルカでは、アブラハムやダビデ王の系譜は出てこないし、東方の三博士も登場しないが、イエスがどのようにして生まれたかについてかなり詳しく述べられている。12歳でエルサレムにおもむいたときの出来事や、ヨハネから洗礼を受けた話も語られている。

共観福音書の記述は相互に矛盾しているわけではない。そのため、全部を組み合わせて、一つの物語を作り上げることもできる。だが、イエスの死についても共観福音書の記述は異なっており、果たしてどれが正しいのか、読者を当惑させるのは間違いない。

しかし、何より、現代の私たちを戸惑わせるのは、福音書に描かれたイエスの行動である。どの福音書を見ても、イエスは数々の奇跡を起こしたとされている。

そのなかには、イエスが病を癒やしたとか、悪霊を追い出したという話も含まれており、それならまだあり得るかもしれない。病と人のこころとは深く結びついており、こころのもち方を変えることで病が癒やされることはある。また、悪霊が憑いたことを精神の病としてとらえるならば、イエスはそれを何らかの力によって快方に向かわせたのかもしれない。

だが、イエスが嵐を鎮めたり、湖の水の上を渡ったり、5個しかなかったパンを5000個に増やしたりしたとなると、どれも常識では考えられない。イエスは死者を蘇らせたともされているし、自らも、十字架刑に処せられた後、復活し、弟子たちの前に姿を現したとされる。そして、最後は天に上り、神の右の座につくという奇跡を引き起こしたというのだ。

古代や中世の信者であれば、奇跡ということを信じており、福音書の記述をそのままうけいれることができたかもしれない。しかし、現代においては、そうはいかない。たとえキリスト教の信仰をもっていたとしても、イエスがそうした奇跡を行ったと、無条件で信じるのは難しい。

たとえば、『キリスト教の歴史1』の編者である松本は、イエスの奇跡について、「彼の空虚な墓と復活、という伝承について本書がいいうるのは、生前のイエスの強烈な人格的印象が、神の子キリストの復活の予言を信じる弟子たちの群に、復活の奇蹟を信じ、キリストの再臨を待つ、集団的希望を与え、教団を形成させた、ということまでである」と述べている。イエスのもつ強烈なカリスマが、奇跡を信じさせ、復活の信仰を生み出したと言うのだが、最後の表現などは、かなり苦しい言い訳にも思える。

そうした言い訳をしないとしたら、どうすればいいのか。それを示しているのが荒井献《ささぐ》の『イエスとその時代』（岩波新書）である。荒井は聖書研究の第一人者で、この本では、イエスの生涯を追っているが、私が読んで唖然《あぜん》としたのは、イエスの復活については何も語られていないことだった。

近代の聖書研究においては、「史的イエス」の探究がもっとも重要な課題になっていく。信仰上のイエスではなく、歴史上のイエスこそ問うべきだというのである。そうなると、当然、奇跡といった側面は、イエスについての考察から排除されることになる。

しかし、イエスの復活に対する信仰は、キリスト教の核心をなすものである。にもかかわらず、復活にふれないのは、合理主義的な考察を貫こうとしてのことだろうが、果たしてそれでいいのかという疑問が湧いてくる。私が宗教学科の学生だったころ、荒井は東大の宗教学研究室のスタッフで、私の修士論文の審査を担当した一人でもあった。その点で、荒井の謦咳《けいがい》にも接したわけだが、そうしたことには強い疑問を抱かざるを得なかった。

では、この点をどのように考えるべきなのだろうか。

すでに述べたように、イエスが実在したことを証明する同時代の資料は存在しない。それを証明するものがあるとすれば、新約聖書以外にはないのが実情である。

問題は、では新約聖書はいつ成立したのかである。

新約聖書において、冒頭の福音書はマタイ、マルコ、ルカ、ヨハネの順におさめられている。その後に使徒行伝があり、パウロなどの書簡があって、最後には、「ヨハネの黙示録」がおさめられている。

ただ、福音書の成立の順は、これとは異なり、マルコが最初に成立したという説が一般的である。それは紀元後70年代のことであったとされる。

次にマタイが80年代に成立し、ルカも80年代に完成した。ヨハネになると90年ごろの成立ではないかと言われる。

使徒言行録については、ルカと作者が同じだという説が有力で、両者はもともと一つになっていて、二つに分かれたのは2世紀のはじめだったとされる。福音書や使徒言行録は、イエスの死後、半世紀近くが経った時点で成立したことになる。

ここで重要なのは、新約聖書にはマルコよりも成立が古い文書が含まれていることである。それがパウロによる書簡である。

●イエスについて多くを語らないパウロの書簡

パウロはイエスの死後の弟子であり、生前のイエスを知らないわけだが、紀元後10年ごろに生まれ、64年くらいに没したとされている。新約聖書におさめられたパウロの書簡のうち、「テサロニケの信徒への第一の手紙」からはじまって、「コリントの信徒への第一、第二の手紙」、「ガラテアの信徒への手紙」、「フィリピの信徒への手紙」、「フィレモンへの手紙」、「ローマの信徒への手紙」は、パウロが実際に書いたもので、紀元後50年ごろから56年ごろに書かれたと推測されている。イエスが亡くなってから20年ほどしか経っていなかったことになる。

なお、「公同書簡」と呼ばれるパウロ以外の書簡は、紀元後70年から150年くらいのあいだに成立したと考えられており、黙示録も96年ごろに成立したのではないかと言われている。

パウロは当初、キリスト教徒を迫害する側にまわっていた。それでも天から聞こえてきたイエスの呼び掛けをきっかけに回心をとげ、イエスを信じるようになる。そして、イエスの弟子たちと交わりをもった。

そのことは、使徒言行録に出てくることで、それをすべて事実として受けとるわけにはいかないが、回心後のパウロはイエスの弟子たちからイエスのことを聞いたはずである。それ以外に、イエスについての情報源はなかったことだろう。

では、パウロはイエスの弟子たちから、どういった情報を得たのだろうか。

実はそこに、大きな問題がある。

パウロが実際に書いたとされる書簡を見ていっても、生前のイエスがどういったことをしたか、また、どういったことを説いたのかについて、決して多くのことは語られていないからである。

●パウロが語る最後の晩餐

これは意外なことかもしれないし、一般にはほとんど認識されていない。だが、不思議なことに、パウロは、福音書に書かれたようなイエスの事績について、ほとんど語っていないのだ。詳しく語っているのは、次のことである。

それは、いわゆる「最後の晩餐」についての箇所になるが、「コリントの信徒への手紙1」には、次のようにある。

わたしがあなたがたに伝えたことは、わたし自身、主から受けたものです。すなわち、主イエスは、引き渡される夜、パンを取り、感謝の祈りをささげてそれを裂き、「これは、あなたがたのためのわたしの体である。わたしの記念としてこのように行いなさい」と言われました。また、食事の後で、杯も同じようにして、「この杯は、わたしの血によって立てられる新しい契約である。飲む度に、わたしの記念としてこのように行いなさい」と言われました。だから、あなたがたは、このパンを食べこの杯を飲むごとに、主が来られるときまで、主の死を告げ知らせるのです（11章23～26節）。

ここに登場する「主」がイエスのことである。「引き渡される夜」とあるところから、イエスが十二弟子とともにとった最後の晩餐であることがわかる。イエスは、パンを引き裂いて、それが自分の体であるとし、さらに、杯のなかの飲み物を自分の血であるとしたというのだ。これは、キリスト教のもっとも重要な儀式である「ミサ」のいわれを示したものと考えられる。

さらに、同じ書簡において、パウロは、「最も大切なこととしてわたしがあなたがたに伝えたのは、わたしも受けたものです。すなわち、キリストが、聖書に書いてあるとおりわたしたちの罪のために死んだこと、葬られたこと、また、聖書に書いてあるとおりに三日目に復活したこと、ケファに現れ、その後十二人に現れたことです。次いで、五百人以上もの兄弟たちに同時に現れました」（15章3～6節）と述べている。ここで言われる聖書は、当然、旧約聖書のことである。イエスの死と復活は、旧約聖書に予言されていたというのである。

最後の晩餐の場面については、ほぼこれと同じことがマタイに語られている。

一同が食事をしているとき、イエスはパンを取り、賛美の祈りを唱えて、それを裂き、弟子たちに与えながら言われた。「取って食べなさい。これはわたしの体である。」また、杯を取り、感謝の祈りを唱え、彼らに渡して言われた。「皆、この杯から飲みなさい。これは、罪が赦されるように、多くの人のために流されるわたしの血、契約の血である。言っておくが、わたしの父の国であなたがたと共に新たに飲むその日まで、今後ぶどうの実から作ったものを飲むことは決してあるまい。」一同は賛美の歌をうたってから、オリーブ山へ出かけた（26章26〜30節）。

新約聖書を最初から順に読んでいくならば、この箇所に最初に出会う。しかも、マルコやルカにも同じことが出てくる。ただ、ヨハネにはない。福音書を読んだ読者は、コリントに至ったとき、パウロが福音書で述べられた出来事に言及しているのだと考えるであろう。

しかし、成立の順は逆で、パウロの書簡の方が古いのだ。しかもパウロは、こうした内容以外、福音書に述べられたイエスの事績にふれていない。パウロがくり返し述べているのは、イエスが、自分たちの罪のために死に、死者のなかから復活したことである。パウロは、イエスを神に対してとりなしをしてくれる存在としてとらえている。

パウロはなぜ、福音書に述べられていることに言及していないのだろうか。

パウロは、そうしたことは知っていたものの、あえてふれなかったという解釈もできる。衆知の事実だから、改めて述べる必要もないというわけである。

しかし、イエスの生き方が信者の指針になるものである以上、それは不自然である。むしろ、イエスがどういうことをしたか、どういうことを言ったのかにふれたうえで、キリスト教信者としてのあり方を説くべきである。

となると、パウロはイエスの事績について知らなかったのだろうか。その可能性が浮上する。

その場合、二つのことが考えられる。一つは、他のイエスの弟子たちは知っていたが、死後に弟子になったがゆえにパウロだけが知らないという場合である。

しかし、これは考えられない。パウロは、回心して以降、他の弟子たちと交流したからである。交流する間に話を聞かされるはずだ。パウロも、イエスについてさまざまなことを聞きたかったであろう。

となると、誰もそれを知らなかったととらえた方が事実に即していると考えられる。もっと言えば、福音書に記されたイエスの事績そのものが、パウロが活動した時代にはまったく伝えられていなかった可能性が出てくるのである。

そんなことはあり得ない。多くの人はそう考えるだろう。キリスト教の信者なら、自分たちの信仰が否定されたように感じるかもしれない。

新約聖書は、イエスの事績について記した福音書からはじまり、使徒言行録には、パウロを含め、イエスの弟子たちの活動が描かれている。時間的に福音書が先行する。それに続いて、使徒言行録に登場するパウロをはじめとする弟子たちの書簡がおさめられている。順に読んでいけば、福音書と使徒言行録に書かれたことを前提として、書簡を読んでいくことになる。

だからこそ、パウロがイエスの事績について、ごく限られたことしか述べていないことに気づかないのだ。福音書が伝えているイエスの事績についての伝承が、パウロの活動した時代に存在しなかったとは、まさか思わない。新約聖書において、巧みな編集の手が加えられているとも言える。

パウロが回心した時点で伝えられていたのは、最後の晩餐でのイエスの発言と、亡くなったイエスが3日目に復活し、弟子たちの前に現れたということだけだったのではないか。

パウロは、イエスがどのようにして亡くなったかについても述べていない。引き渡される夜とあるところから、イエスが権力者によって捕えられたことは暗示されている。それは、イエスが刑死したことを示唆したものとも読める。だが、十字架刑に処せられたことは、パウロの発言のなかにはまったく出てこない。

●なぜパウロは敵まで愛せとは言わなかったのか

パウロの述べたことをもとに、それを発展させてイエスの教えが生み出された可能性を示す箇所がもう一つある。それが、「隣人愛」にかんする箇所である。

マタイにおいて、イエスは次のように述べたとされている。

あなたがたも聞いているとおり、「隣人を愛し、敵を憎め」と命じられている。しかし、わたしは言っておく。敵を愛し、自分を迫害する者のために祈りなさい（5章43〜44節）。

これに対してパウロは、「ローマの信徒への手紙」で、次のように述べている。

互いに愛し合うことのほかは、だれに対しても借りがあってはなりません。人を愛する者は、律法を全うしているのです。「姦淫するな、殺すな、盗むな、むさぼるな」、そのほかどんな掟があっても、「隣人を自分のように愛しなさい」という言葉に要約されます。愛は隣人に悪を行いません。だから、愛は律法を全うするのです（13章8〜10節）。

イエスもパウロも、愛することの重要性を強調しており、その点では変わらない。ところが、対象が異なる。イエスは、隣人だけではなく、敵まで愛せと言っている。これに対してパウロは、敵ではなく、隣人を自分のように愛せと言っている。しかも、重要な点は、パウロがその根拠として「律法」をもち出していることである。「姦淫するな、殺すな、盗むな、むさぼるな」は、モーセの十戒の一部であり、律法とは、次の章で詳しく述べる「ユダヤ法」のことである。実際、ユダヤ法について説明した旧約聖書の「レビ記」には、「自分自身を愛するように隣人を愛しなさい」（19章18節）とある。

パウロは、律法＝ユダヤ法にもとづいて、隣人を自分のように愛せと述べ、律法をまっとうすることの重要性を強調している。

一方、イエスの方は、ファリサイ派やサドカイ派などのユダヤ教の律法学者を批判する立場をとっている。たとえば、マルコには、イエスの弟子たちが安息日に麦の穂を摘み始めたのに対して、ファリサイ派の人々が批判した話が出てくる。それに対してイエスは、「安息日は、人のために定められた。人が安息日のためにあるのではない」と、ファリサイ派の考え方を批判している。

その点から考えると、パウロは律法の重要性を強調することによって、イエスの教えに背き、むしろイエスが批判した律法主義に後退してしまったようにも見える。

しかしこれも、パウロの発言の方が先で、福音書の成立が後だとすると解決する。マタイは、パウロが書簡で述べたことを踏まえ、それをさらに過激な方向に進めたのだ。あるいは、福音書が成立する段階では、キリスト教徒に対する迫害が行われるようになっていて、だからこそそうした敵を愛することの重要性が強調されていると見ることもできる。

これに関連して注目されるのが、隣人愛について述べたマルコにおけるイエスのことばである。

イエスは律法学者から、どの掟が一番重要なのかを尋ねられた。その際に、イエスは旧約聖書の「申命記」（6章4～5節）を引用し、第一に重要な掟は、「イスラエルよ、聞け、わたしたちの神である主は、唯一の主である。心を尽くし、精神を尽くし、思いを尽くし、力を尽くして、あなたの神である主を愛しなさい」（12章29～30節）と答えた。さらに第二の掟としては、「隣人を自分のように愛しなさい」（同31節）と答えている。これは、すでにふれたように「レビ記」にあるものである。

ここでイエスは、隣人愛を強調するだけで、敵を愛せとまでは言っていない。その点で、マタイにおける発言と異なっている。

これは、マルコがパウロの述べていることをもとにした可能性を示している。福音書のなかではマルコが先行し、マタイはマルコを参照するとともに、別の資料（聖書学ではQ資料と呼ばれるが、これは現存しない）をもとにしているからで、敵を愛せということばはQ資料にあったものと考えられる。

パウロは、イエスが人々の罪を負って亡くなり、復活したことを信じた。そして、その事実を周囲の人間たちに伝えていった。当初、それを信じたのは、イエスやパウロと同じユダヤ人だけだったであろうが、やがて、その教えはローマ帝国に生活する他の民族にも伝えられていった。

そうなると、イエスがいかに偉大な人物であったのか、それを証明する物語が求められるようになる。そこで、救い主にふさわしい物語が創作され、それがいくつも生まれた。福音書は、そうした形で成立したのではないだろうか。福音書が創作されたものであるからこそ、イエスは数々の奇跡を起こした存在として描かれたのである。

それは、イエスについてだけ言えることではない。

●名前しか知られない十二使徒

イエスの弟子たちは十二使徒と呼ばれ、そこには、ペテロをはじめ、アンデレ、大ヤコブ、ヨハネ、ピリポ、バルトロマイ、トマス、徴税人マタイ、アルファイの子ヤコブ、タダイ、熱心党のシモン、ユダが含まれる。ただ、ユダが、金のためにイエスを売ったということで、使徒からは外され、代わりにマティアが含まれるようになる。

このうちペテロは、「使徒の頭」とされ、さまざまな場面に登場する。だが、他の使徒たちになると、名前があげられているだけで、使徒として何をしたのか、エピソードが何も語られていない人物も少なくない。

大ヤコブについては、新約聖書以外でいくつかのエピソードが語られ、著名な使徒である。しかしそれも、イベリア半島の北西にあるカトリックの一大聖地、サンチャゴ・デ・コンポステラにその遺骸が葬られているという伝承があるからである。大ヤコブがスペインに赴いたという伝承は7世紀になって生まれた。

果たして十二使徒は実在したのか。新約聖書を見る限り、そうした疑問さえ浮かんでくるのだ。

●パウロの回心の真相と意義とは

パウロが回心をとげた話は有名だが、書簡のなかでパウロ自身は、はっきりとその出来事について述べているわけではない。「ガラテアの信徒への手紙」では、「御子をわたしに示して、その福音を異邦人に告げ知らせるようにされたとき」（1章16節）とあり、これが回心体験についてふれたものと解釈できるが、具体的な内容については述べられていない。

パウロは、テント職人でローマの市民権を生まれながらにもっていたとされる。他の伝承では高名なラビのもとで学んだ、ともされている。そして、書簡で自ら述べているように、当初はキリスト教徒を迫害する側に回っていた。

使徒言行録によれば、パウロが回心をとげたとき、「サウロ（ル）」と呼ばれていたとされる。これはユダヤ名で、パウロはギリシア名になる。

パウロは、ダマスコスという場所の近くまで来たとき、突然天からの光に照らされて、地に倒れる。すると、「サウル、サウル、なぜ私を迫害するのか」という声が聞こえてきた。パウロが誰なのかと尋ねると、その声は、「私はお前が迫害しているイエスである」と答えた。さらには、「起きて町に入れ、そうすれば、あなたのなすべきことが知らされる」と言ってきた。パウロは地面から起き上がるが、目が見えなくなっていた。

パウロが、使徒言行録にあるこうした体験を実際にしていたのだとしたら。それはイエスが復活後も生きて、人間の世界にかかわりをもった証《あかし》になる。また、パウロの重要性を高めることになり、布教にも役立ったはずである。なのに、パウロは書簡で劇的な回心体験について語ってはいないのだ。

その点からすれば、使徒言行録にあるような劇的な回心を、パウロはとげていなかった可能性が高くなってくる。パウロの劇的な回心も、その歿後に、使徒言行録の作者が創作したものと考えられるのである。

ただし、たとえ創作されたものであったとしても、パウロの回心は、キリスト教の歴史のなかで重要な意味をもつようになる。パウロは、それを経験するまでキリスト教を迫害する側にあった。ということは、回心体験は、パウロを迫害者から信者へと変えるもので、キリスト教の信仰の正しさを証明したものと考えられるからである。

しかも、パウロの体験は、キリスト教の回心のモデルの役割を果たすようになる。その点について、決定的な貢献をしたのが、すでにふれたアウグスティヌスである。

●アウグスティヌスの回心

アウグスティヌスも回心を体験し、それを『告白』（服部英次郎訳、岩波文庫）という書物に書き残している。

３５４年に生まれたアウグスティヌスの場合、母親はキリスト教徒であったが、父親はそうではなかった。アウグスティヌス自身は修辞学を学んでいて、その時期、９年間にわたってマニ教を信奉していた。マニ教については、すでにこの章のはじめのところでふれた。

マニ教を信仰していた時代、アウグスティヌスは演劇に熱中し、放縦な生活を送っていた。彼には身分の低い内縁の妻がいて、そのあいだに息子も一人いた。

ところが彼は、しだいにマニ教に対して疑いを抱くようになる。大きなきっかけは、修辞学の教師として送られたミラノで、キリスト教の司教、アンブロジウスの説教を聞いたことだった。それでキリスト教に魅力を感じるようになるのだが、母親の影響も大きかった。

386年の夏、アウグスティヌスは決定的な体験をする。アウグスティヌスが愛欲の問題で悩み苦しんでいると、隣の家から子どもの声で「取って読め、取って読め」と何度もくり返されるのが聞こえてきた。彼はそれを、聖書を開いて、最初に目に止まった箇所を読めという神からのメッセージとして受け取り、パウロの書物がおかれている場所に戻ると、最初に目にふれた箇所を読んだ。

するとそこには、「酒宴と酩酊、淫乱と好色、争いとねたみを捨て、主イエス・キリストを身にまといなさい。欲望を満足させようとして、肉に心を用いてはなりません」(「ローマの使徒への手紙」13章13~14節)と書かれていた。このことばは、放縦《ほうじゅう》な生活に浸っていたアウグスティヌスにとって、自分のことを言い当てたものと受け取られたのである。

彼は『告白』のなかで、この体験について、「わたしはそれから先は読もうとはせず、また読むにはおよばなかった。この節を読み終わると、たちまち平安の光ともいうべきものがわたしの心の中に満ち溢れて、疑惑の闇はすっかり消え失せたからである」と、その感動について熱く語っている。

パウロの書簡に書かれていたことが、アウグスティヌスの生き方を変えることに結びついた。パウロの方は、自らの回心体験について、こうした物言いをしていなかったわけだが、アウグスティヌスは、それに言及し、しかもそれがもたらした感動についてまで語っていたのである。

●キリスト教はどのようにして成立したのか

この章で述べたことをまとめてみよう。

キリスト教の創唱者は、イエスであると言われる。イエスが実在したことは否定できないだろうが、福音書に記されていることを実際に行い、そこに示された教えを説いたかと言えば、その点は怪しい。

キリスト教を、ユダヤ人の宗教から脱皮させ、ローマ帝国に広める上でパウロの貢献は極めて大きい。ただ、注目しなければならないのは、パウロがイエスをどのような形でとらえ、信じていたかである。

パウロは、自らが記した書簡のなかで、最後の晩餐の場面にふれ、そこでイエスがミサの起源になることを語っていたとしている。そして、イエスが旧約聖書に予言された通り、罪を負って殺されたものの、3日目に死者のなかから復活し、弟子たちなどの前に現れたと述べていた。ただし、旧約聖書には、イエスのような存在が3日目に復活する予言は出てこない。それについてはいろいろ解釈があるが、パウロが誤解したか、旧約聖書には含まれなかった伝承があったのかもしれない。

ここで重要なことは、パウロが罪に言及していることである。しかもパウロは、この章のはじめに述べたように、独身でいることを勧めていた。やがてそこから、生涯独身を貫く聖職者が生み出されていくことになる。

パウロの信仰を基盤として、福音書の作者たちは、神の子としてのイエスにふさわしい物語を創作し、それを福音書にまとめ上げていった。イエスが数々の奇跡を行ったとされたのも、福音書が創作されたものだからだが、復活にかんしては、パウロはそれを強く信じていた。

当時は、現在の新約聖書には含まれていない福音書や黙示録が存在しており、それは、今では「外典」と呼ばれる。新約聖書が現在の形をとるのは4世紀のこととされる。ただ、新約聖書のなかに、その後確立されるキリスト教の教義がすべて盛り込まれているわけではない。三位一体説も原罪の教義も、新約聖書で述べられたことが反映されてはいるものの、そこで明確に示されていたわけではなかった。

そうしたこともあり、初期のキリスト教は、ユダヤ教の改革運動ではあっても、ユダヤ教と明確に区別されてはいなかった。それは、外側から見た場合にもそうだし、信仰者の側にとっても同じだった。キリスト教がいかにしてユダヤ教から独立し、ユダヤ教とは異なる宗教になっていったのか。次の章では、それについて見ていくことになる。

第3章　特異な一神教としてのキリスト教——ユダヤ教やイスラム教とどう違うのか

●ユダヤ教とキリスト教、イスラム教の複雑な関係

キリスト教はユダヤ教から生まれた。あるいは、ユダヤ教の改革運動が、やがて独立した宗教運動へと発展し、キリスト教が誕生したと見ることもできる。

イエス・キリストはユダヤ人として生まれ、ユダヤ教の信奉者であった。その家族や親族もそうだし、十二使徒などの弟子たちも誰もがユダヤ教徒だった。それは、ローマ帝国にキリスト教を広めたパウロについても言える。

現代では、「ユダヤ・キリスト教」という表現が用いられる。これは主にキリスト教徒が使うもので、キリスト教が一神教の伝統の上にあることを強調したものである。あるいは、ギリシア文明を意味する「ヘレニズム」に対抗する意味で、「ヘブライズム」という概念が使われることがある。ヘブライズムは、ユダヤ教にはじまり、キリスト教やイスラム教に受け継がれた一神教の伝統を意味する。

それほどユダヤ教とキリスト教とのあいだには密接な関係があるわけだが、宗教としての性格になると、両者には大きな違いがある。違いがあるからこそ、キリスト教はユダヤ教から独立したとも言える。

もっとも大きな違いは、キリスト教ではイエス・キリストが三位一体説が示しているよ

うに神と一体の関係にあるとされているのに対して、ユダヤ教ではイエスを神と等しいものとも、救世主とも認めていないことにある。

　インターネット上に、イスラエルの人々に対して、「あなたにとってイエス・キリストはどういう存在ですか」という質問を投げかけた映像があり、私はそれを見たことがある。誰もが、それまでそうしたことを問われたことがなかった様子で、一様に戸惑っているのが印象的だった。

　イスラエルにあるエルサレムは、ユダヤ教だけではなく、キリスト教やイスラム教の聖地でもある。したがって、イスラエルには、ユダヤ教徒だけではなく、キリスト教徒もイスラム教徒もともに生活している。にもかかわらず、ユダヤ教徒はイエスには関心をもっていないし、そもそもほとんど知識がないのだ。

　イスラム教には「啓典《けいてん》の民《たみ》」という考え方がある。これは、イスラム教が生まれ、ウマイア朝やアッバース朝といったイスラム教の帝国が拡大した際に、帝国内に居住するユダヤ教徒やキリスト教徒をさすものである。イスラム教の側は、そうした人間たちに対してイスラム教への改宗を求めたものの、あえてそれを強制したりはせず、税金さえ支払えば、それぞれの信仰を認めるという姿勢をとった。

これは、異なる宗教が共存していくための手立てになるわけだが、それもイスラム教が後発の宗教だからで、ユダヤ教やキリスト教には啓典の民という発想はない。

キリスト教の世界にそうした考え方があったとしたら、ユダヤ教徒が迫害されることはなかったかもしれない。それも、キリスト教徒は、ユダヤ教徒を信仰を同じくする「仲間」と見なしてはこなかったからである。

イスラム教に啓典の民の考え方が生まれたのは、イスラム教で信仰されるアッラーが、もともとはユダヤ教で信仰されるヤハウェと同一の存在であるとされたからである。イスラム教を開いたムハンマドは、イスラム教の信仰が、ユダヤ教の経典であるトーラーの「創世記」に登場するアブラハムに遡るという立場をとった。アラビア語でアブラハムはイブラーヒムと呼ばれる。

アブラハムは、「創世記」のなかで、神に対する忠実な信仰をもつ人物として描かれている。アブラハムは、高齢になってようやく授かった子どものイサクが成長した際に、神からイサクを犠牲にするよう求められる。アブラハムは、いっさい疑問をもつことなく、イサクを連れて山に登り、そこで息子を犠牲にしようとした。

これは、神がアブラハムの信仰を試したものであり、イサクが犠牲にされる寸前で、神はアブラハムにそれを中止させる。代わりに、羊が犠牲として捧げられるが、これによってアブラハムが神に対する忠実な信仰をもっていることが証明された。ムハンマドは、そこにイスラム教の原点を見出した。「イスラム」ということばは、アラビア語で絶対的な服従を意味している。アブラハムが原点にあるからこそ、イスラム教からは、アブラハムの信仰を受け継ぐユダヤ教徒やキリスト教徒は仲間と見なされたのである。

●なぜ同胞に利子を徴収してはいけないのか

この点は、利子の徴収という問題に深くかかわっていく。

一神教の伝統では、利子の徴収は禁じられている。それは、トーラー（旧約聖書）の「出エジプト記」に、「あなたと共にいる貧しい者に金を貸す場合は（中略）利子を取ってはならない」（22章24節）と述べられているからである。これは、モーセに下された神のことばである。

「申命記」でも、「同胞には利子を付けて貸してはならない。銀の利子も、食物の利子も、その他利子が付くいかなるものの利子も付けてはならない。外国人には利子を付けて貸してもよいが、同胞には利子を付けて貸してはならない。それは、あなたが入って得る土地で、あなたの神、主があなたの手の働きすべてに祝福を与えられるためである」（23章20〜21節）とある。

ここでは、同胞と外国人とが明確に区別されている。ユダヤ人の立場からすれば、同胞とは同じユダヤ人、ユダヤ教徒であり、外国人は、自分たちとは異なる信仰をもつ人間をさす。

トーラーにある文書は、キリスト教が生まれてからは、旧約聖書のなかにとりこまれ、キリスト教の聖典ともなっていく。したがって、同胞から利子を徴収することは、キリスト教の世界でも禁止された。その際の同胞は、今度はキリスト教徒をさす。

この点は、キリスト教神学に、アリストテレスの哲学が大きく影響したことで強化されていく。アリストテレスは、『政治学』という本のなかで、「貨幣が貨幣を生むことは自然に反している」と述べ、利子を否定していたからである。

アリストテレスは、古代ギリシアの哲学者であり、一神教ではなく、多神教の信奉者だった。にもかかわらず、中世のキリスト教社会では、神学の基盤をギリシア哲学に求め、それによって「スコラ学」と呼ばれる神学が発展した。その際に、アリストテレスの哲学が圧倒的な影響力を及ぼしたのである。

なぜ同胞から利子を徴収してはならないのか。アリストテレスは、それが自然に反するからだとしているが、経済学的にも意味がある。古代においては、経済は定常的な状態にあり、現代とは異なり、経済発展が見込めなかった。つまり、年々の収入は一定で、それが増えていくわけではなかったのだ。となると、金を借りても、利子が払えなくなってしまう。トーラーでは、その理由が示されていないのだが、当時の経済状況が背景にあったものと考えられる（この点については、水野和夫・島田裕巳『世界経済史講義』ちくま新書で論じた）。

しかし、近世の時代に入っていくと、資本主義の勃興という事態が生まれ、経済が発展していく余地が生まれる。そうなると、大規模な事業を展開するために、利子を支払ってでも金を借りたいと考える人々が出てきた。それは、15世紀半ばからはじまる「大航海時代」に顕著になる。大型の船を用意し、海外に出ていくには多額の資金が必要になったからである。

●差別と追放のなか、ユダヤ人は金融業に進出していった

そうした時代を背景とした作品にイギリスの劇作家ウィリアム・シェークスピアの『ヴ

ェニスの商人』がある。そのなかに登場するシャイロックという金貸しがユダヤ人に設定されているのは、キリスト教徒にとってユダヤ人は同胞ではなく、そうした人物から利子のつく金を借りることが認められたからである。

実は、シェークスピアが16世紀の終わりに『ヴェニスの商人』を書いたとき、イギリスにはユダヤ人はいなかった。１２９０年に、エドワード1世によってユダヤ人はイギリスから追放されていたからである。それまで、イギリスの国王にとって、金融業を営むユダヤ人は金づるだった。キリスト教徒は利子をとる金貸しにはなれなかったが、ユダヤ人には可能で、それがユダヤ人が金融業に進出する理由になった。

イギリスの国王は、金づるであるユダヤ人を保護はしたものの、一方で、ユダヤ人に特別な税を課した。それによって、やがてユダヤ人は窮乏してしまう。すると、国王は金づるではなくなったユダヤ人をお払い箱にしてしまい、国外に追放した。ユダヤ人が、再びイギリスに呼び戻されたのは、シェークスピアの死後、クロムウェルが政権をとり、財政を安定させるためにユダヤ人の経済力に頼らなければならなくなったからである（佐藤唯行『英国ユダヤ人―共生をめざした流転の民の苦闘』講談社選書メチエ）。

ユダヤ人が金融業に進出したのは、それ以外の職業に就くことが難しく、制限を受けていたからである。それによってユダヤ人が経済力をつけると、金貸しとして、あるいは高利貸しとして批判を受け、余計に差別され、迫害を受けた。ナチスだけがユダヤ人を迫害し、虐殺したわけではない。それ以前に、ユダヤ人への迫害はヨーロッパでくり返され、多くの犠牲者が生まれていた。現代においてさえ、ユダヤ人差別は続いていて、時に問題化している。

●ユダヤ教は特異な民族宗教である

では、そもそもユダヤ教はどのような宗教なのだろうか。それはキリスト教とどこで共通し、どこで異なるのだろうか。それを見ていかなければならない。

ユダヤ教は、宗教の分類としては民族宗教になる。キリスト教やイスラム教といったユダヤ教の影響を受けて成立した宗教が、民族の枠を超えて広がり、世界宗教に発展したのとは対照的である。

難しいのは民族という考え方である。世界中には、さまざまな民族が存在しているわけだが、一つの民族が限定された地域に住み、他の民族と交わらないといったことは基本的にあり得ない。日本の場合、島国であり、アジア大陸とは海によって隔てられているものの、古代から大陸との接触はあり、それによって民族の混淆《こんこう》という事態が起こった。

私たちは、日本人とそれ以外の民族とを区別するが、純粋な日本人というものは存在しない。必ずどこかの時点で、異なる民族と婚姻関係を結んでいる。「混血」ということばを使うなら、日本人は誰もが混血である。

ユダヤ人の場合、国が滅び、世界各地に散って生活するようになるという運命をたどった。その点で、日本人よりもはるかに他の民族と混淆する機会は多かったはずで、そこにユダヤ人を定義することの難しさがある。

戦後に建国されたイスラエルには1950年に制定された帰還法がある。そこでは、ユダヤ人について、「ユダヤ人の母から産まれ、あるいはユダヤ教徒に改宗した者で、他の宗教の成員ではない者」と規定されているものの、そもそもユダヤ人の母とはどういう存在なのかが定められておらず、曖昧さは拭えない。

ユダヤ人の数は世界全体で1500万人程度と考えられており、決して多いものではない。イスラエルには600万人程度が生活しており、アメリカ合衆国にもそれに近い数のユダヤ人が生活している。日本に生活するユダヤ人は2000人を下回ると考えられており、私たちがその生活に接することはほとんどない。私は一度、日本でイスラエル料理の店に行ったことがあるが、トルコやギリシアの料理と似ていると感じた。

イスラム教は、キリスト教に次ぐ世界第2位の宗教だが、日本人の信者が1万人程度とされていることもあり、身近な宗教とは考えられていない。ユダヤ教になると視野にも入ってこないと言える。

その点で、日本人のあいだでユダヤ教について十分な認識があるとは言えないのだが、その宗教としての特質を考えるうえでは、ユダヤ人が自分たちの国を追われる体験をしたことが重要である。

まず、モーセが「十戒」を授かるのは、彼がエジプト人の奴隷となっていた仲間のユダヤ人をエジプトから連れ出すことに成功したときである。これは、紀元前13世紀の出来事であるともされるが、歴史上の事実とは証明されていない。モーセが実在した証拠もない。

ただ、ユダヤ人が自分たちの国を滅ぼされ、国を追われたのは事実で、紀元前586年には、新バビロニア帝国の侵略を受け、ユダヤ人は国を滅ぼされている。それによってユダヤ人はバビロニアにおいて捕われの身となり、これは「バビロン捕囚」と呼ばれた。侵略を受けた際には、エルサレムにあったユダヤ教の神殿が破壊された。

国を追われたユダヤ人は、その後、いったんは祖国に戻ることができ、その際には第二神殿を再建する。しかし、これはイエス・キリストが活動を展開し、十字架にかけられて殺されたとされる時期の後になるが、紀元70年にローマ帝国との戦いに敗れ、第二神殿も破壊されてしまう。

それによって、本格的な追放の時代を迎え、それは「ディアスポラ（離散）」と呼ばれるようになる。ユダヤ人の国家は小さく、周囲に生まれた大国や帝国に対抗できなかったため、祖国を追われ、それが最終的に常態化することとなった。

ディアスポラの状態におかれ、故国を追われて各地に散って生活するようになったのであれば、それぞれの地域に同化し、そこで広がった宗教に改宗しても不思議ではなかった。実際、ローマ帝国においては、キリスト教が広がりを見せていたわけで、ユダヤ人が、もともとは自分たちの民族から生み出されたキリスト教に改宗する可能性はあったはずである。

実際にそうした人々もいたはずだが、ユダヤ人のなかには、あくまで自分たちの信仰を守り通そうとする人間たちも現れた。彼らは信仰によって結束し、ユダヤ人としてのアイデンティティーを失わない方向を選んだのである。

●ユダヤ教徒を結束させた宗教法「ハラハー」

ユダヤ人は、神殿を失い、祖国を追われた結果、神殿で神を祀るわけにはいかなくなった。それは、それまでの宗教体制が根本的に崩されたことを意味しており、そこから「安息日」や「割礼」の慣習を厳格に守る方向に転じていく。安息日は、「創世記」にある神による天地創造を元にしている。ユダヤ教では、現在の暦では土曜日が安息日となっている。

一方、割礼は、男性の生殖器の先端を切り取る行為をさす。ユダヤ教以外にも割礼の慣習はあるが、生まれたばかりの段階で施すのが一般的である。ただ、大人になってからユダヤ教に改宗したとしたら、割礼を受けるよう圧力がかかってくる。ユダヤ人の女性は、割礼を施されていない男性と性的な関係を結ぶことは好まないからである。

安息日や割礼を規定しているのは、ユダヤ教の宗教法である「ハラハー」である。ハラハーは、ヘブライ語の「行く」や「歩く」といった動詞に由来することばで、「行くこと」あるいは「従うこと」を意味する。ユダヤ教徒は、ハラハーという法に従って生活を進めていく方向に転換したのである。こうしてユダヤ教は、「神殿の宗教」から「法の宗教」への転換を果たした。

ハラハーの基本的な事柄はトーラーに規定されている。しかし、そこからだけでは、日常生活を成り立たせるための規則をすべて導き出してくることができない。そこでユダヤ人は、ハラハーのなかに、口伝による教えの体系を含み込むようになっていった。

ハラハーに従って生活することが、ユダヤ人として証になり、それは、各地に散っていったユダヤ人を、他の民族から区別し、結束させることに結びついた。もしもユダヤ人がハラハーを守り続けることがなかったとしたら、周囲の人々と同じ生活をすることになるわけで、それぞれの地域に同化し、しだいにユダヤ人としてのアイデンティティーを喪失していったはずである。

その点で安息日を守ることと、割礼を施すことは重要な意味をもった。ユダヤ教の安息日においては、すべての労働が禁止される。しかも労働のなかには、現代であったら、車を運転することや、エレベーターのボタンを押すことまで含まれる。しかも、同じ一神教でも、キリスト教の安息日は日曜日で、イスラム教は金曜日であるから、自ずとユダヤ教徒の生活のリズムはそれとは異なってくる。それは、他の宗教の信者とともに生活することを難しくする。

しかも、割礼の場合には、いったんそれを施してしまえば、それをなかったことにはできない。ユダヤ人は、割礼を施されていない人間とは生活をともにしないばかりか、食事をすることもなかった。

大澤武男『ユダヤ人とローマ帝国』（講談社現代新書）によれば、ローマ帝国において、ユダヤ人の割礼という習慣は嫌悪されたという。逆に、ユダヤ人の側からすれば、割礼は神によって選ばれた証であり、それを施さないことは不浄と見なされた。

割礼は、アブラハムに遡るもので、彼が神と契約を交わした際、割礼がその証となった。神は、「あなたたち、およびあなたの後に続く子孫と、わたしとの間で守るべき契約はこれである。すなわち、あなたたちの男子はすべて、割礼を受ける」（創世記17章10節）と、割礼を施すことを命じたのである。

キリスト教の方は、この割礼の慣習を捨て、かわりに洗礼を信仰の証として導入することになる。ただ、キリスト教がローマ帝国のなかに広がっていった初期の段階では、割礼から洗礼への転換は必ずしもすんなりとはいかなかった。

たとえば、パウロによる「ガラテヤの信徒への手紙」では、パウロが回心をとげてから17年後に、宣教の旅にバルナバとテトスをつれていったとされ、そこには、「わたしと同行したテトスでさえ、ギリシア人であったのに、割礼を受けることを強制されませんでした」（2章3節）と記されている。

そして、「ペトロには割礼を受けた人々に対する福音が任されたように、わたしには割礼を受けていない人々に対する福音が任されていることを知りました」（同7節）とある。これは、ペトロとパウロが、布教活動における役割を分担し、ペトロがユダヤ人を担当し、パウロがユダヤ人以外を担当したことを示している。

パウロは、「コリントの信徒への手紙1」においても、「割礼の有無は問題ではなく、大切なのは神の掟を守ることです」（7章19節）と明言している。パウロは、割礼を重視していなかったのだ。

ところが、使徒言行録の方では、パウロは弟子のテモテを宣教の旅につれていく際、「その地方に住むユダヤ人の手前、彼に割礼を授けた」（16章3節）と述べられている。それも、テモテの父親がギリシア人で、そのことが知れ渡っていたからである。ここには、割礼を施さないことで問題が起こることを、パウロが懸念し、それをあらかじめ避けたことが示されている。

この箇所については、パウロの書簡より、使徒言行録が後に作られたことが影響していたと考えられる。パウロは、割礼を不要と考え、それを明言していたが、使徒言行録の作者は、むしろ周囲の社会状況に妥協的な態度をとったのである。

ただ、結局のところ、キリスト教は割礼の慣習を捨て、信仰の証として洗礼を導入することとなった

●パウロのキリスト教信仰とは

では、キリスト教をユダヤ人以外に広めたパウロの信仰はいかなるものだったのだろうか。

松本宣郎は、『キリスト教の歴史1』で、それを次のようにまとめている。「彼はイエス・キリストの受肉と十字架での死、復活は、肉の罪から逃れられない人類の贖罪のために神によって成し遂げられたことだと考えた。その事実によって、モーセの契約に代わる新しい契約がもたらされ、古い律法は捨て去られた、このことを信じる者は、まもなく実現するキリストの再臨と最後の審判の時を、教会に集い、聖徒の交わりをなしつつ待て、というものであった」というのだ。

パウロ自身のことばとしては、「ローマの信徒への手紙」に、「わたしたちは洗礼によってキリストと共に葬られ、その死にあずかるものとなりました。それは、キリストが御父

の栄光によって死者の中から復活させられたように、わたしたちも新しい命に生きるためなのです。（中略）わたしたちの古い自分がキリストと共に十字架につけられたのは、罪に支配された体が滅ぼされ、もはや罪の奴隷にならないためであると知っています。死んだ者は、罪から解放されています」（6章4〜7節）とある。イエスの十字架上での死と復活は、洗礼を受けた人間の罪からの解放を意味しているというわけだ。

最後の審判について、パウロは「テサロニケの信徒への手紙1」で、「すなわち、合図の号令がかかり、大天使の声が聞こえて、神のラッパが鳴り響くと、主御自身が天から降って来られます。すると、キリストに結ばれて死んだ人たちが、まず最初に復活し、それから、わたしたち生き残っている者が、空中で主と出会うために、彼らと一緒に雲に包まれて引き上げられます」（4章16〜17節）と述べている。ここでは、「ヨハネの黙示録」を彷彿とさせる記述が出てくるが、成立は黙示録の方がはるかに遅い。黙示録が、パウロの手紙の影響を受けていると見るべきだろう。

また、教会についてパウロは、「エフェソの信徒への手紙」で、「神はまた、すべてのものをキリストの足もとに従わせ、キリストをすべてのものの上にある頭として教会にお与えになりました。教会はキリストの体であり、すべてにおいてすべてを満たしている方の満ちておられる場です」（1章22～23節）と、その意義について述べている。他の手紙でも、くり返し教会のあるべき姿について信徒たちに忠告を与えている。

パウロの手紙が書かれたのは、紀元50年代であり、亡くなったのは60年代のことである。1世紀半ばのキリスト教の信仰内容は、パウロが説いたように、キリストが人々の罪を負って亡くなり、復活をとげたことを信じ、来るべき最後の審判を待望し続けるというものであった。

●ローマ帝国によるキリスト教の迫害は多くの「殉教者」を生んだ

パウロなどの使徒たちが活動することによって、キリスト教の信仰はローマ帝国のなかに広がりを見せていくのだが、やがてローマ帝国によって迫害を受け、多くの殉教者が出たとされる。

たとえば、これは高校の世界史の教科書だが、『詳説世界史改訂版』（山川出版社）では、「唯一絶対神を信じるキリスト教徒は皇帝礼拝を拒み、国家祭儀に参加しなかった。そのため彼らは反社会集団とみなされ、ネロ帝の迫害（64年）からディオクレティアヌス帝の大迫害（３０３年）まで、民衆や国家から激しく迫害された」とある。

しかし、こうした説明をそのまま事実として受けとっていいのかとなると、そこには難しい問題がいくつも存在している。

まず問題となってくるのは、ローマ帝国において、ユダヤ教徒とキリスト教徒が明確に区別されていたのだろうかという点である。なにしろ、パウロをはじめ初期の使徒たちは、皆ユダヤ人だった。

手島勲矢は、『ユダヤの聖書解釈―スピノザと歴史批判の転回』（岩波書店）で、その難しさについて指摘している。ユダヤ教はギリシア語で「ユダイモス」だが、その初出は、どんなに早くても紀元前2世紀以前には遡れないという。

一方、キリスト教ということばは、そもそも新約聖書にはまったく登場しない。1世紀から2世紀のキリスト教徒には、キリスト教徒としての自覚がなかったことになる。

手島は、ユダヤ教とキリスト教という概念をはじめて対立的に用いたのは、アンティオキアの第2代主教であるイグナティオスの手になる「マグネシア書簡」においてではないかとしている。この書簡は1世紀末から2世紀はじめに成立している。さらに手島は、「キリスト教とユダヤ教の対立が歴史的にキリスト教側とラビ・ユダヤ教側の両方の資料から双方向的に確認できる状況は、比較的新しいものであり、中世以前には存在しない現象といえるのである」とさえ述べている。そうである以上、ユダヤ人以外のローマ帝国の人間には、両者を区別することは困難だったに違いない。

すでにふれたように、大澤武男は、ユダヤ人が割礼を受けていたことで嫌悪され、それによってローマ帝国で迫害を受けたと指摘しているわけだが、割礼はユダヤ人以外も行っていた。イスラム教でも行われているし、パウロも述べているように、初期のキリスト教徒のなかにも割礼を受けている者はいた。そうなると、割礼の有無によって、ユダヤ教の信者とキリスト教の信者が簡単に区別されたわけではない。

さらに問題になってくるのは、ローマ帝国において、キリスト教徒がどれだけの迫害を受けたのかである。

キリスト教の世界では、「殉教者」が重視されてきた。キリスト教の信仰を貫き、それによって亡くなった殉教者は高く評価され、「聖人」として祀り上げられてきた。カトリック教会では、神に対する信仰とは区別するために、聖人については「崇敬」ということばを用い、「聖人崇敬」とするが、カトリック以外でも正教会や一部のプロテスタントには、その聖人崇敬の伝統があり、聖人の数は数千に及ぶと考えられる。

日本では、八百万の神々が信仰の対象となり、多神教であると指摘されるが、聖人崇敬はそれに近い。キリスト教には、神とイエス、そして聖霊を一体のものとしてとらえる三位一体説もあり、そもそもそれはキリスト教が多神教的な側面をもっていることの証だとも考えられる。

聖人の伝記となるのが「聖人伝」であり、いくつもの聖人伝が作られていったが、もっとも名高いものが13世紀後半に編纂されたジェノバの大司教、ヤコブス・デ・ウォラギネによる『黄金伝説』(全4巻、前田敬作他訳、平凡社ライブラリー)である。『黄金伝説』には、ローマ帝国の時代に殉教した聖人の詳細な物語が記されているが、どれも後世において作られた伝説の性格が強い。

たとえば、乳癌患者の守護聖人となっているアガタは、好色なローマの長官に結婚を迫られたものの、それを拒否したため、売春宿に送り込まれた。彼女は意思が堅固であったため、その試みは失敗に終わるが、今度は投獄されてしまう。

投獄されると、拷問台の上に縛りつけられ、松明《たいまつ》の火であぶられた。ところが、彼女は喜びの表情を浮かべたため、長官によって乳房を切り取られてしまう。その際には、地震が起こって、火あぶりの刑は免れるが、後にふたたび捕えられ、獄死する。ただ、使徒のペテロが現れ、アガタの胸を元どおりにしてくれたという。

『黄金伝説』には、こうした到底事実とは思えない殉教の物語がつづられているが、一つ注目されるのは、世界史の教科書に記されたのとは異なり、『黄金伝説』では、皇帝崇拝を拒否したことで殉教したという記述がないことである。

『キリスト教の歴史1』の編者である松本も、『ガリラヤからローマへ──地中海世界をかえたキリスト教徒』（講談社学術文庫）で、キリスト教の信仰が皇帝崇拝と対立したことで迫害を受けたという通説をそのままうけいれるのは問題だと指摘している。

なぜローマ帝国においてキリスト教徒が迫害の対象になったのか、迫害の事実はどこまで真実なのか、これについては必ずしもそれを説明してくれる明確な資料がそろっているわけではなく、さまざまに議論を呼んでいる。キリスト教徒の側は、自分たちが厳しい迫害を受けたことを強調し、正しい信仰をもっていたがゆえに、それを理解できないローマ帝国の人間たちから迫害を受けたのだとしてきた。

保坂高殿による『ローマ帝政中期の国家と教会─キリスト教迫害史研究193-311年』（教文館）においては、そこに「キリスト教的なバイアス」があることが指摘されている。キリスト教徒にとって、ローマ帝国がとったさまざまな措置は迫害として映ったかもしれない。しかし、ローマ帝国の側にはその意図はなかったというのである。

●コンスタンティヌス帝は「ミラノ勅令」でキリスト教徒に「民族」の資格を与えた

ではなぜ、キリスト教徒は自分たちが迫害を受けていると感じたのだろうか。保坂は、コンスタンティヌス帝（副帝時代を含め、在位は３００～３３７年）の時代までのローマ帝国は、キリスト教会に反社会的属性を認めた上で、キリスト教を非合法宗教（religio illicita）としたのではないとする。ローマ帝国は、司法のレベルでキリスト教の教会に対処し、断罪したのではなく、市民の間での衝突を収拾することを目的に、行政指導もしくは調停工作を行っただけだというのだ。

一般には、コンスタンティヌス帝が、３１３年に「ミラノ勅令」を発することで、キリスト教は公認されたととらえられている。しかし保坂は、そもそも当時のローマ帝国では、法的に公認宗教と非公認宗教とを分けるようなことは行っておらず、キリスト教を非公認宗教として特別視したわけではないとする。

コンスタンティヌス帝は、この勅令において、キリスト教徒の集団に「民族（ethnos,natio）」としての資格を与えている。民族は都市国家にも与えられる資格である。ローマ人は、それぞれの民族は独自の国家をもち、独自の神々を信仰する権利があると考えてきた。したがって、ローマ帝国が皇帝崇拝を強制したととらえること自体が誤りであり、キリスト教会は、ミラノ勅令によって公認宗教となったのではなく、都市国家と同じ資格を与えられたというのである。

このように迫害の有無やその理由については、いろいろと難しい問題が出てくるわけだが、ローマ帝国に広がっていくなかで、キリスト教の信仰が変容したことは認められる。

パウロも述べているように、初期のキリスト教においては、最後の審判が間近に迫っていることが前提になっていた。キリストの死と復活は、それを予言するものとして解釈された。そして、パウロの死後に作られた「ヨハネの黙示録」では、最後の審判の際にどういったことが起こるのか、それが劇的な形で描き出された。

ところが、最後の審判はなかなか訪れなかった。イエスの死から、現在では2000年近い月日が流れているわけだが、未だにそれは訪れていない。予言は外れたと言える。

もちろん、現在でも、最後の審判が訪れることを信じているキリスト教徒もいる。ときには、最後の審判が迫っていることを強調し、信者を集める集団が生まれることもある。だが、それがすぐにでも起こると信じているキリスト教徒は、ほとんど存在しないであろう。

ただ、予言が外れたからといって、キリスト教の信仰が信を失い、信者がいなくなったわけではない。むしろ、ローマ帝国においてキリスト教の信者は着実に増えていき、最終的に国教の地位を得るまでに至る。

保坂は、それがテオドシウス帝（在位379〜395年）の時代に起こったととらえている。テオドシウス帝は、380年の勅令（cunctos populos）において、すべての帝国民の「カトリック派（secta catholica）」への帰属を命じた。これによってローマ帝国は初めて宗派を基準とした公認宗教と非公認宗教の区別を設けた上で、カトリック派を唯一の公認宗派として認めた。これが、一般にローマ帝国におけるキリスト教の国教化と称される事態だというのである。

●人類の祖アダムとエバの原罪が強調され「贖罪」につながった

キリスト教はローマ帝国の国教の地位を獲得していくなかで、教会の制度を独自に確立していき、それがキリスト教が世界に広がっていく上での強固な基盤となっていった。

その際に重要なことは、「原罪」の教義が確立されたことである。それは、カトリック教会においてで、正教会ではそれほど重視されないのだが、プロテスタントにおいても、人間が罪深い存在であることが強調されることは珍しくない。それほど、原罪の教義の影響は大きい。

罪の問題は、すでにパウロが強調したことである。しかもパウロは、第2章で見たように、他の信者に対して独身でいることの価値を強調していた。ただ、パウロは結婚することを罪深い行為とはとらえていなかった。「コリントの使徒への手紙1」では、「あなたが結婚しても、罪を犯すわけではなく、未婚の女が結婚しても、罪を犯したわけではありません」（7章28節）と述べている。パウロは、イエスが罪を負って死んだことを強調しているだけなのである。

ところが、キリスト教のなかで、次第に人間が本来罪深い存在であることが説かれるようになっていく。たとえば、2世紀の教父であるエイレナイオスは、すべての人類の祖であるアダムを通して、人類全体が罪を犯したととらえた。

これを明確に原罪の教義へと高めていったのが、パウロのことばに触発される形で回心をとげたアウグスティヌスであった。

アウグスティヌスは、エデンの園において、禁断の木の実を食べたアダムとエバが、恥じて陰部を隠したのは、二人が性行為を行ったからだととらえ、その罪は両親による遺伝を通して伝えられる原罪であるとしたのだった。アウグスティヌスは、『告白』のなかで、人間が「原罪のくびきにつながれている」という言い方をしている。

エデンの園のことは、「創世記」において語られている。神はアダムを創造し、その肋骨からエバを作り出した。二人はエデンの園に住むことになり、神は、そこにあるすべての木から木の実をとって食べてもいいが、善悪の知識の木からだけはとってはならないと命じた。

ところが、蛇に誘惑されたエバは、善悪の知識の木になった実を食べてしまい、それをアダムにも食べさせた。すると、二人は裸でいることに恥ずかしくなり、イチジクの葉をつづりあわせて、それで腰を覆った。それによって、木の実を食べたことが神にばれてしまったのである。

「創世記」で語られているのはそこまでである。アダムとエバが原罪を犯したとはされていない。また、後になると、エバを誘惑した蛇はサタンであったとされるようになっていくが、「創世記」では、蛇がサタンと同一視されていない。したがって、ユダヤ教には原罪という考え方はなく、ユダヤ教の影響が色濃いイスラム教にもそれはないのだ。

また、アウグスティヌスがラテン語で著作活動を行ったラテン教父であったため、ギリシア語が中心の正教会でも、原罪が強調されることはない。

最初の罪は、人類の祖であるアダムとエバが犯したことで、それが遺伝によって伝えられるものであるなら、すべての人類は罪を免れることはできない。人間は、根本的に罪深い存在であることになる。パウロも、そこまでは人間の罪深さを強調していなかった。

このように、キリスト教において原罪が強調されるようになると、今度は、罪をいかに贖《あがな》うかという、「贖罪」が問題になっていく。その際、贖罪の役割を果たすものとして教会の存在がクローズアップされていく。教会と「秘跡」とが結びつけられ、やがて、教会における通過儀礼として「七つの秘跡」が定められることになる。

●教会における通過儀式。七つの秘跡

七つの秘跡とは、洗礼、堅信、回心、聖餐《せいさん》、叙階、結婚、終油である（日本の正教会では、秘跡を「機密」と呼び、洗礼、傅膏《ふこう》、痛悔、聖体、神品、婚配、聖傅《せいふ》とする）。洗礼は、キリスト教徒になった証で、堅信は成長し信仰が固まったことを意味する。それによって聖体（ミサ）に与かることができるようになる。聖餐はパン、ぶどう酒を人々に分け与える儀式のことで、回心は告解とも呼ばれ、日ごろの罪を神父に告白し、神へのとりなしを願うものである。叙階は聖職者に任じられることで、結婚は俗人にかかわる。終油は、臨

終の場での最後の許しを神父に求めることである。

　このうち聖体は、カトリック教会において、聖人崇敬と結びついていく。

　聖人崇敬においては、聖人にかかわる各種のモノが対象になっていった。たとえば、十字架にかけられたイエスを突いた槍は、それを行ったローマの兵士、ロンギヌスの名から、「ロンギヌスの槍」と呼ばれるようになる。『黄金伝説』で、ロンギヌスは回心し、その後殉教したとされ、それで聖人となった。

　ただし、多くの聖人の場合、崇敬の対象となったのは遺骨であり、それは「聖遺物」と呼ばれる。仏教でも、火葬された釈迦の骨は「仏舎利」として信仰の対象になってきたが、ヨーロッパのカトリック教会において、聖遺物は祭壇の下に安置され、それによって、そこで行われる聖餐の神聖性を保障する役割を果たすようになる。その点で、教会には聖遺物が不可欠なものとなったのである。

　たとえば、カトリック教会の総本山であるバチカンのサンピエトロ大聖堂は、使徒のペテロに捧げられたものだが、そこには、ペテロの聖遺物とされるものが安置されている。新約聖書におさめられなかった外典の「ペテロ行伝」では、ペテロは、ローマに宣教に赴き、そこで殉教したとされている。

贖罪に対する強い願望は、十字軍とも関係している。十字軍を呼びかけたのは、ローマ教皇のウルバヌス2世だが、それが行われたクレルモン教会会議の決議録においては、「誰であれ名誉や金銭の入手のためではなく、ただ信心のみのために神の教会を解放せんとエルサレムへ出発した者には、その旅すべては贖罪のためとみなされるべし」とあった。その時点では、まだ十字軍という言い方はなく、教皇はそれを宗教的行為としてとらえ、旅、もしくは巡礼と呼んだ。

また、十字軍は、聖地エルサレムを奪回するだけではなく、そこがイエスや使徒たちが活動を展開した場所であったため、大量の聖遺物を集め、それをヨーロッパに送った。これによって、聖遺物を安置した教会が数多く建設された。貴重な聖遺物、つまり名高い聖人の聖遺物は、人気が高く、多くの信者を集めることができたため、売買や盗難の対象にもなった。

中世のスコラ学の大家、トマス・アクィナスの場合には、『神学大全』という大著があり、生前から聖人になると見込まれていた。アクィナスは、本来、ドミニコ会の修道士で、同会の修道院で亡くなることを望んでいたが、道中で健康を害したため、亡くなったのはシトー会の修道院だった。

そこで、シトー会の修道士たちは、アクィナスの聖遺物がドミニコ会に奪われないよう、亡くなると、すぐに遺体をゆでて骨だけにし、それを隠してしまった。そのことは、ヨハン・ホイジンガの『中世の秋』（堀越孝一訳、中公クラシックス）に記されている。

●なぜキリスト教は法の宗教とならなかったのか

キリスト教は、中東に生まれたが、アナトリアからバルカン半島に広がり、さらにはヨーロッパや北アフリカに進出していった。そんななか、7世紀になると、アラビア半島にイスラム教が生まれ、イスラム帝国を形成し、その勢力を拡大していくことになる。

すでに述べたように、イスラム教の創唱者となったムハンマドは、その信仰がアブラハムに遡ると主張したわけで、事実、宗教としての中身ということになると、キリスト教とはかなり異なっていて、むしろユダヤ教に近いものとなった。

とくに、イスラム教がユダヤ教に似ている点は、法の重視に示されている。ユダヤ教では、ハラハーと呼ばれるユダヤ法が重要で、それは、離散状態となったユダヤ人を結束させ、そのアイデンティティーを保持することに大きく貢献するが、イスラム教における法、イスラム法は「シャリーア」と呼ばれる。

シャリーアは、アラビア語で水辺に至る道の意味があり、アラビア半島において、オアシスの水がいかに重視されていたかを示しているが、それはハラハーと共通した部分をもっている。

たとえば、イスラム教徒が豚を食べないことはよく知られている。これは、イスラム法によって定められており、その根拠となったコーランにおいては、死肉、血、豚肉、アッラー以外の名で供えられたものを食べることが禁じられている。

これは、ユダヤ法における食物規定を踏襲したもので、そちらは「カシュルート」と呼ばれる。その内容はイスラム法とまったく同じではなく、ユダヤ法では、肉と乳を一緒に煮ることも禁じられている。

飲酒については、イスラム教では禁じられ、ユダヤ教では許されているという違いがある。それも、酒を飲むことがトーラーでは禁じられておらず、後に礼拝の妨げになるために、禁止されたからである。

イスラム法の法源となるのは、神の啓示であるコーランと、ムハンマドの言行録であるハディースにまとめられた伝承（スンナ）である。コーランには異本がなく一つで、聖書の外典にあたるものはない。一方、スンナは膨大な数存在しており、どれを真正なものとするかは、それを蒐集《しゅうしゅう》した法学者によって異なる。コーランやハディースには、信仰にかかわることだけではなく、民法や刑法にかかわることや、慣習も含まれており、その範囲は広い。

このように、ユダヤ教とイスラム教は法の宗教である点で共通する。一方、キリスト教には、ハラハーやシャリーアに匹敵する独自の宗教法は存在しない。ユダヤ教の聖典を旧約聖書としてとりこんだにもかかわらずである。

そこには、初期のキリスト教が、最後の審判がすぐにでも到来することを前提としており、現世における生活を重視しなかったことが影響している。そして、ローマ帝国に広がりを見せると、世俗の事柄については、既存のローマ法に依存することになった。

それは、キリスト教において、教会が司る聖なる世界と、帝国や王国によって支配された俗なる世界を二分することに結びついていく。それを象徴するイエスのことばが、「マタイによる福音書」にある「皇帝のものは皇帝に、神のものは神に返しなさい」(22章21節)である。

一方、ユダヤ教やイスラム教には、こうした考え方はなく、聖なる世界と俗なる世界は一体である。キリスト教は、ユダヤ教を母体とし、ユダヤ・キリスト教の伝統を重視していながら、まったく性格が異なる宗教へと発展していった。三位一体説や聖人崇敬に見られる多神教的な側面も、ユダヤ教から引き継いだものではない。したがって、イスラム教からは批判的に見られることとなった。

同じ一神教ではあっても、キリスト教はユダヤ教やイスラム教とは性格がかなり異なっているのである。

では、その後、キリスト教はカトリック教会と正教会、そしてプロテスタントに分かれていくが、その原因について見ていきたい。あわせて、この三つの流れがどう違うのかについて検討を加えたい。

第4章　どうして正教会とカトリックに分かれたのか

●キリスト教の宗派は大きく分けて三つに分かれる

宗教は、その内部において、いくつかの宗派に分かれることが多い。

仏教であれば、大きく部派仏教と大乗仏教に分かれる。部派仏教は、以前は小乗仏教と言われていたが、この言い方には大乗仏教の側からの蔑視があるということで、近年では使われなくなった。

部派仏教は、さらに大衆部や上座部に分かれており、大乗仏教も、多くの宗派に分かれている。日本であれば、平安時代に生まれた天台宗や真言宗、鎌倉時代以降に教団化した浄土宗、浄土真宗、臨済宗、曹洞宗、日蓮宗、時宗などがある。

イスラム教であれば、スンナ（二）派とシーア派に分かれている。シーア派はさらに、イスマーイール派や12イマーム派などに分かれている。

これがキリスト教になると、大きく正教会、カトリック、プロテスタントに分かれている。カトリックは世界組織で一つにまとまっている。ただし、中国ではバチカンの影響力が国内に及ぶことを恐れ、独自の組織として中国天主教愛国会が設けられている。

正教会は、カトリックとは異なり、全体が一つにはなっておらず、国別、あるいは民族別に組織されている。

プロテスタントには、さまざまな派が存在する。イギリスの聖公会は、独身の聖職者を否定する点でプロテスタントの性格をもつが、儀式のやり方などはカトリックに近く、カトリックとプロテスタントの中間的な形をとっている。

この三つの流れに属さないキリスト教としては東方諸教会がある。これは、４５１年に開かれたカルケドン公会議で異端とされたため、分離したもので、そこには、やはり異端とされたネストリウス派も含まれている。

さらに、儀式にかんしては正教会のやり方に従うものの、カトリックのローマ教皇の権威を認める東方典礼カトリック教会もある。ウクライナにもこれがあり、ロシアの正教会は、東方典礼カトリック教会の存在をカトリックによる侵略としてとらえ、それを脅威と見なしてきた。

東方諸教会や東方典礼カトリック教会は、非常に興味深い存在だが、本書では詳しくはとりあげないことにする。三つの大きな流れの方が、世界全体を考えれば重要だからである。

●日本に正教会信仰を伝えた聖ニコライ

私たち日本人にとって、三つのなかで正教会はもっとも馴染みのない宗派である。なにしろ、正教会の信者は日本ではかなり少ない。『宗教年鑑』令和5年版では、信者数は9111人と1万人にも満たない。

正教会ということで、多くの人たちが思い起こすのは、東京の御茶ノ水駅近くにあるニコライ堂（正式には東京復活大聖堂）のことだろう。あるいは、函館などにあるハリスト ス正教会のことかもしれない。ハリストスとは、ギリシア語をもとにした教会スラブ語でキリストのことである。

私の手もとには正教会の新約聖書がある。背の部分には、ただ「新約」と記されている。開いてみる、最初のページには、「日本正敎會翻譯　我主イイスス　ハリストスノ新約

一千九百一年　東京　正敎會本會印行」とある。

本文は文語体であり、最初に翻訳が行われた1901年以来、改訳が行われていないことを示している。私の持っているのは2014年に発行されたものである。

文語訳の聖書は今でも人気があり、岩波文庫に収められたりもしているが、正教会の新約聖書は、1901年版をそのまま印刷したもので、章ごとにいっさい改行がない。カタ

カナによる人名や地名の表記は、イイスス（イエスのこと）に代表されるように独特である。これでは現代の日本人には読めない。私にこれを贈呈してくれた正教会の信者も、聖書は読まないと言っていた。

ただ、一つ付け加えておかなければならないのは、正教会でもカトリックでも、聖書は長い間信者が読むものではなかったことである。なにしろ、昔の聖書はギリシア語（正教会）やラテン語（カトリック）で書かれており、一般の庶民が読めるものではなかった。仏教のお経が、もともとのパーリ語やサンスクリット語で記されているようなものである。

しかも、正教会で使われる用語は独特で、難しい漢字が使われている。前の章で、カトリックにおける秘跡が、正教会では機密と呼ばれていることにふれたが、七つの機密に使われる漢字は、「傅膏（ふこうと読み、カトリックの堅信を意味する）」のように難しい。

そこには、日本に正教会の信仰が伝えられたときのことが関係している。

日本に正教会の信仰を伝えたのはニコライ堂にその名を残すロシア人のニコライ・カサートキンであった。ニコライは日本のことを知り、1861年に函館に司祭として赴任している。ただし、まだ江戸時代で、キリスト教は禁教とされており、布教活動は思うにまかせなかった。

しかしニコライは、日本人の医師や僧侶、あるいは、同志社大学の創立者となる新島襄などから情報を得て、日本布教の可能性を確信するようになる。明治に時代が代わる1868年には、坂本龍馬の従兄弟である沢辺《さわべ》琢磨《たくま》など3名に洗礼機密を施している。

ニコライは、一旦ロシアに戻った後、ふたたび来日する。1872年からはお茶の水に拠点をかまえ、そこには91年にニコライ堂が建設された。

ニコライは、新約聖書や正教会の「典礼書」を日本語訳していくが、その際に協力したのが正教会の信者となった中井木菟麻呂《なかいつぐまろ》であった。中井は、大阪の著名な学問所、懐徳堂《かいとくどう》内で生まれた人物だった。懐徳堂は明治になって廃止されてしまうが、中井はその再建につとめる一方でニコライに協力した。

懐徳堂の学問の中心は儒学をもとにした朱子学である。中井は、ロシア語の意味を正確に伝えようと試みるが、その際に、朱子学を学ぶなかで備わった漢学の素養が影響しており、その結果正教会独自の用語が生み出されていった。逆に今では、その試みが正教会の聖書を読みにくいものにしている。

ニコライの出身地であるロシアでは正教会の信仰が根づき、それは今でも変わらない。では、正教会自体はどのような形で成立したのだろうか。

●正教会の成り立ち

キリスト教は、すでに述べたように、パウロなどの働きによってローマ帝国に広がり、国教の地位を獲得する。ローマ帝国は、地中海のまわりに一大帝国を築いていくが、広大な版図をもつ帝国を統合するには、唯一絶対の神を信仰の中心におくキリスト教が活用されたのだった。

ユダヤ教も一神教であるわけだが、その信仰はユダヤ人に限定され、安息日の遵守や割礼を施すなどの制約があった。ユダヤ人にとって、それは自分たちが神によって選ばれた民である証になるものだが、ローマ帝国の人間がすべてユダヤ教に改宗することは不可能だった。

このように、キリスト教の拡大は、ローマ帝国のあり方と密接な関係をもっていた。それは、その後にキリスト教がたどる運命にも大きな影響を与えることになる。

ローマ帝国は版図を広げていき、広大な領域をその支配下においたものの、帝国が広がりすぎた結果、全体を一人の皇帝によって統治することが難しくなった。その結果、複数の皇帝が並び立つ状況が生まれる。３９５年にテオドシウス１世が亡くなると、長男のアルカディウスが東方の領土を、次男のホノリウスが西方の領土を統治するようになり、それ以降一人の皇帝がローマ帝国全体を統治することはなくなった。これ以降ローマ帝国は東西に分裂していくのである。

当時のローマ帝国の人々が分裂を自覚していたかと言えば、決してそうではなかった。東西を二人の皇帝が統治する体制がそのまま継続され、いつの間にか帝国が分裂していたというのが実態に近いものだった。

分裂後の西ローマ帝国は、イタリアから西のヨーロッパ、あるいは北アフリカを領土とした。ところが、４７６年にゲルマン人の傭兵隊長であったオドアケルがロムルス・アウグストゥルスを退位させたことで、西ローマ帝国は滅亡してしまう。

ただ、その後も西の地域においては、ローマ帝国の政府や諸機関、諸制度による統治はそのまま維持された。４９３年には、今日のイタリア全土を含む形で東ゴート王国が成立するものの、依然として東に展開していたローマ帝国に属する形をとり、立法権なども東ローマ帝国の皇帝が保持していた。

西ローマ帝国が滅んだ後も、それを再興しようという気運は西ヨーロッパにあった。それを具体化したのが、８００年に成立するカール大帝のフランク王国であり、９６２年のオットー1世の神聖ローマ帝国であった。

この二人の皇帝の重要性は、ローマ教皇から帝冠を授けられたことにある。ここに皇帝の権力を支える後ろ盾としてローマ教皇が登場する。ローマ教皇の存在は、西ローマ帝国滅亡後の西ヨーロッパにおいて極めて重要な意味をもった。

代々のローマ教皇は「イエス・キリストの代理者」とされ、なかには聖人と認められた者もいる。正教会でも聖人と認められた教皇もいるのだが、正教会では、ローマ教皇を権威として認めたわけではない。ローマ帝国が東西に分裂して以降、キリスト教会は西のカトリック教会と東の正教会に次第に分かれていく。ただ、分裂が決定的になるのは11世紀になってからである。

キリスト教が勢力を拡大していくなかで、ローマ、コンスタンティノープル、アレクサンドリア、エルサレム、アンティオキアの五つの場所に「総主教座」がおかれるようになった。なかでもペテロやパウロが殉教したとされるローマは帝国の中心でもあり、もっとも権威があると見なされた。

西ローマ帝国が滅亡した後も、東のローマ帝国は存続し、それはビザンチン帝国とも呼ばれるようになる。ローマに代わって帝都となったのがコンスタンティノープル、現在のイスタンブールであり、コンスタンティノープル主教座はローマ主教座に次ぐ地位を確立する。

五つの総主教座のうち、ローマだけが西の領域にあり、後の四つは東の領域にあった。そのうち、アレクサンドリア、エルサレム、アンティオキアは、イスラム帝国の支配下におかれてしまう。そこにいたキリスト教徒がすべてイスラム教に改宗したわけではないが、三つの場所の総主教座は衰退していく。その結果、ローマとコンスタンティノープルが並び立ち、相争うことにもなっていった。

●イコンをめぐる対立がカトリックと正教会の分裂をまねく

こうした状況のなか、東の教会と西の教会は、地域が隔たっていたため、次第に疎遠になり、信仰の違いも生まれるようになる。それを際立たせたのが、「イコノクラスム（聖画像破壊）」をめぐる対立だった。

イコンは、イエス・キリストや聖人などを描いた宗教画で、それはキリスト教会において信仰の対象となっていた。

ところが、東ローマ帝国の皇帝であったレオーン（レオ）3世（在位717～741年）は、726年に、イコンの崇敬を禁じる勅令を出した。なぜ皇帝がこの勅令を出したのか理由ははっきりしないのだが、これには反発が大きかった。西のカトリック教会では、イコンをゲルマン人への布教に活用していたのでこれに反対し、コンスタンティノープルに送っていた税の支払いを停止してしまう。これによって東西の教会の対立が激化する。

そうなると、カトリック教会としては東ローマ帝国の皇帝に代わる保護者が必要になってきた。そこで頼ったのがゲルマン人のフランク王国だった。フランク人は、ゲルマン諸部族のなかで最初にキリスト教に改宗していた。フランク王国では、重臣であったカロリング家に実権を奪われ、751年にはピピンが即位し、カロリング朝が成立した。カトリック教会は、このカロリング家との関係を深めていく。

そして、800年のクリスマスにローマを訪れていたピピンの息子のシャルルマーニュに対して、教皇レオ3世はローマ皇帝の冠を授ける。これによってカール大帝が誕生するが、戴冠は東ローマ帝国の皇帝に無断で行われた（前掲『キリスト教の歴史1』）。

これによって、ローマ教皇は世俗の王国の支配者の権力を正当化する役割を果たすようになり、自らの権威を確立した。しかも、東ローマ帝国に無断で行ったわけだから、ローマ教皇は東ローマ帝国の皇帝やコンスタンティノープルの教会から独立したことを意味した。その後、1054年には、ローマ教皇とコンスタンティノープル総主教が相互に破門し合い、カトリック教会と正教会との分裂は決定的なものとなった。

カトリック教会と正教会はもとは一つだったわけである。カトリック教会には公会議という、教義を定め、正統と異端の区別を明確にする機会があるが、第7回の公会議までは正教会の側も認めている。正教会では、公会議とは言わず、「全地公会議」と呼ぶ。第7回の全地公会議は第2ニカイア公会議で、787年に開かれている。この会議では、聖像破壊運動を推し進めた人間が排斥された。

次のカトリック側の公会議は869年から70年にかけての第4コンスタンティノープル公会議で、この公会議で問題になったのは、主教を誰が選ぶかであった。正教会では、主教は世俗の信者によって選ばれることになっていて、世俗の長である皇帝が主教の長である総主教を指名した。また、長く世俗の人間が主教に選ばれることも続いた。

カトリック教会の方では、教会の側が自分たちで主教を選ぼうとしたものの、教会のスポンサーである皇帝や国王などが、自分たちの側で選ぼうとし、それで対立が起こった。それが、やがて「叙任権闘争」に発展していくことになるが、最終的には、教会が主教を選ぶようになっていく。

こうしたことは、ビザンツ帝国の皇帝と正教会の政治的な関係にも影響した。廣岡正久

『キリスト教の歴史３　東方正教会・東方諸教会』（山川出版社）では、ビザンツ帝国の皇帝が教会を政治目的に利用しようとし、教会の側も皇帝の意向に対してしばし譲歩の姿勢を示したことが指摘されている。

しかも、ビザンツ帝国の皇帝を宇宙の支配者である神に模して、地上世界の支配者とする政治的な神学まで生み出された。皇帝は神によって選ばれた者で、「帝国行政の全権限、全軍の指揮権、最高裁判権と立法権を掌握」するだけではなく、「自ら教会とその正統信仰の守護者をもって任じた」というのだ。

なおかつ皇帝は、聖堂の専用の入口から入り、そこで行われる正教会の奉神礼（カトリックの聖餐にあたる）で特別な位置を占め、聖堂内部で普通は聖職者だけが入ることのできる至聖所で、主教とともに聖体を拝領したのだった。

そこには、正教会が民族別国家別に組織されていたことが影響していた。正教会は、カトリック教会のような世界組織にはなっていない。それぞれの正教会はゆるやかに結びついていて、母体となる正教会から他の正教会が生み出されることもあり、それぞれを独立した教会として認めるかどうかは、相互の承認によって決定される。

これは、正教会が、それぞれの国の政治と密接な関係をもつことに結びついていく。皇帝が正教会の守護者であれば、教会の側は、どうしても皇帝の意向に左右されることになる。

こうした正教会のあり方が、現代において顕在化したのが、2022年からはじまったロシアのウクライナ侵攻だった。それを主導したロシアの大統領ウラジミール・プーチンについて、インスブルック大学の宗教社会学者、クリスティナ・シュトケルは、「大統領3期目に入ってからはキリスト教価値観の保護者を自負し」ていると指摘している。プーチンは、侵攻についての宣言でも、その目的が「ウクライナでのロシア系正教徒への宗教迫害を終わらせ」ることにあると述べていた（長谷川良「正教会分裂がウクライナ危機を誘発?」『アゴラ』2022年3月13日）。

●キーウが正教会信仰をとりいれるきっかけとなったハギヤ・ソフィア大聖堂の典礼

ロシアに正教会の信仰が伝えられたのは、現在ではウクライナの首都になっているキーウ（キエフ）を中心としたキーウ大公国を通してだった。そのときの大公はウラジミール1世だが、彼は、どういった信仰をうけいれるべきか、それを決める前に各地に使者を派遣して調査させている。

使者が向かったのは、トルコ系ブルガリア人のイスラム教モスク、ドイツ人のカトリック教会、そしてコンスタンティノープルにある正教会のハギヤ・ソフィア大聖堂だった。使者が体験したことについては、1113年に編纂された『ロシア原初年代記』（中村喜和編訳、名古屋大学出版会）に記されている。そこでは、モスクの印象が次のようにつづられている。

われらはブルガリア人のもとに行き、彼らが帯もしめずにモスクという寺院のなかで礼拝するのを見た。……彼らのなかには陽気さはなく、あるのは悲しみと大いなる悪臭のみである。彼らの掟はよきものではない。

これに対して、ドイツのカトリック教会については、「ついでドイツ人のところへ行き、寺院のなかでさまざまな勤行を行っているのを見た。だがそこにはいかなる美しさもなかった」という。このように、使者はイスラム教とカトリックに対して、あまりよい印象を受けていない。

ところが、ハギヤ・ソフィア大聖堂で、使者はまったく異なる印象をもった。

それからわれらはギリシア人のもとにおもむいた。彼らはわれらを自分たちの神に仕える場所にみちびいたが、そのときわれらは天上にいたのか、それとも地上にいたのか、わからなかった。地上にはあのような眺めも、あれほどの美しさもない。それは口では言い尽くしがたい。われらにわかっているのは、かしこでは神は人とともにあり、彼らの勤行は他のいかなる国のものよりすぐれているということだけである。われらはあの美しさを忘れることができない。

カトリック教会の場合には、歴史を経るなかで、典礼のやり方は変化し、必ずしも古いものがそのまま伝えられているわけではない。現代になると、とくに1960年代のバチカン公会議の決定で、それは大きな変容を迫られた。ミサがラテン語ではなく、各国語で唱えられるようになったことなどが、それ以前の時代との大きな違いである。

それに対して、正教会では、古い形式が捨てられたり、改められたりすることなく、その上に新しい要素が付け加えられる形で発展をとげてきた。サハリンのミサに参列した日本人の感想がネット上にあったが、「厳かな賛美歌と司祭が振りまく香炉の乳香に包まれた堂内には、まるで中世のような神秘的な時間が流れていて、その場にただずんでいるだけで、ゾクゾクするような心持ちになりました。なにしろ賛美歌は信者の方々が歌う生声なのですから」と述べられていた（https://khabarovsk-channel.com/news/latest/mass）。

ウラジミール1世の使者も、同様の体験をしたのだろう。これによって、キーウ大公国において正教会の信仰がとりいれられることとなった。

●「タタールの軛」の続くなか、正教会の信仰はキーウからモスクワ、ロシア全体へ

キーウはその後、13世紀にモンゴル帝国の一つ、キプチャク・ハーン国による支配を受ける。それは「タタールの軛《くびき》」と呼ばれ、２４０年間にも及んだ。タタールとはモンゴル人のことである。

そこからの解放を実現したのが、１４６２年にモスクワ大公となったイヴァン3世だった。タタールの軛が続く間、ロシアの中心はキーウからモスクワへ移っていた。モンゴル帝国は特定の宗教を強制しなかったため、正教会の信仰がロシア全体に広まることとなった。

ロシアがタタールの軛から脱する前の１４５３年、ビザンツ帝国が滅亡した。イヴァン

3世は、ビザンツ帝国の最後の皇帝となったコンスタンティヌス11世の姪と結婚する。これによって、ビザンチン帝国の後継者はモスクワ大公であると考えられるようになり、イヴァン3世は、ロシア皇帝を意味する「ツァーリ」を名乗り、正教会の信仰の保護者にもなっていく。

ローマ帝国が東西に分裂し、ビザンツ帝国が成立すると、コンスタンティノープルは、「第2のローマ」と見なされた。そして、ビザンツ帝国が滅亡すると、モスクワこそが「第3のローマ」であるという主張が生まれる。それは、1589年にモスクワの正教会が、コンスタンティノープルなどの総主教座教会と並ぶ地位を獲得したことで強化された。モスクワの側は、自分たちこそが正教会の、さらにはキリスト教会の正しい信仰を受け継いでいるという自負の念を強めていったのである。

正教会は、英語では、"Orthodox Church"と呼ばれる。正統的な教会だというわけで、初代の教会に遡る正式な教会であることを自負している。当然、そこには、かつては一体で、後に分かれたカトリック教会に対する強い対抗意識が存在する。

●ピラミッド型組織のカトリック教会と公会議の役割

　では、このような形で正教会が歴史を積み重ね、ロシアにまで広がっていくあいだに、カトリック教会の方では、どういったことが起こったのだろうか。次にはそれを見ていきたい。

　カトリック教会が、正教会と異なるのは、ローマ教皇を頂点に戴くピラミット型の世界組織を作り上げていったことにある。

　初代のローマ教皇とされるのが、十二使徒の筆頭にあげられるペトロである。ペトロは、最後の晩餐において、イエスから「はっきり言っておく。あなたは今夜、鶏が鳴く前に、三度わたしのことを知らないと言うだろう」（「マタイによる福音書」26章34節）と予告され、実際、その通りに行動し、後で悔いて泣く弱い人間として描かれているが、「使徒言行録」では、弟子たちのリーダーの役割を果たし、イエスの名において自ら奇跡を行ったりもしている。それによって、初代のローマ教皇と位置づけられることとなった。

　ローマ教皇の下には枢機卿がいる。枢機卿は現在、世界の主要な教区から教皇によって選ばれる。彼らは、教皇を選出する「教皇選挙（コンクラーヴェ）」に参加する。枢機卿の下には司教がいて、さらに司祭や助祭と続く。したがって、カトリック教会全体において、その頂点にあるローマ教皇やバチカンは絶大な権力を有するようになった。これは、19世紀の後半に開かれた第1バチカン公会議においてのことだが、「教皇不可謬《ふかびゅう》説」の教義が確立された。教皇はその地位にある限り、その決定に誤りはないというのである。

すでに述べたように、教皇が開催する公会議のうち、787年に開かれた第7回の第2ニカイア公会議までは、正教会もそれを認めている。しかし、869年から70年にかけて開かれた第8回の第4コンスタンティノープル公会議以降は、カトリック教会だけが認めているもので、それは、1962年から65年まで続いた第21回の第2バチカン公会議まで続いてきた。

公会議の役割は、教義や典礼のやり方、あるいは教会を律する教会法について検討を加えることにあり、とくに教義の面では、正しい教えを定めることが重要になる。それによって正しい教えを信奉する「正統」と、間違った教えを信奉する「異端」とが明確に区別され、異端については、教会から追放されることになる。

初期の公会議においてとくに問題になったのが、イエスをどういう存在としてとらえるかであった。イエスは神の子とされるが、生まれたのは人間であるマリアを通してである。神と人間との関係をどのようにとらえ、イエスをどう位置づけるのか、初期の公会議ではそれが議論になった。

第1回の第1ニカイア公会議では、アリウス派と反アリウス派が対立した。アリウス派は、イエスの神性を神よりも下におくべきだと主張した。反アリウス派は、これを否定し、神とイエスは本質において同一であるとした。こちらの主張が、やがて三位一体説の確立に結びついていくことになり、アリウス派の主張は異端とされた。

神しか存在しないのであれば、問題は起こらない。実際、ユダヤ教においては、神の子であるイエスのような存在は現れず、一神教であることに問題は生じなかった。

ところが、キリスト教では、イエスを神の子としたことで、神とイエスが並列する形になり、多神教に変容してしまう危険性が生じた。その矛盾をどのように解消するかで、議論が巻き起こったのである。

その後の公会議でも、そうした議論が行われ、そのたびに新たな異端が生み出されていった。異端とされても、主張を変えない勢力もあった。431年に開かれたエフェソス公会議で異端とされたネストリウス派がその代表である。ネストリウス派は、イエスに神性と人性の二つがともに備わっていることは認めたものの、神性と人性という二つの位格に分離するという立場をとった。異端とされたネストリウス派は東に向かい、中国で「景教」として信仰されたことはよく知られている。

こうした異端とかかわりをもつのが修道会である。

正教会においても、ギリシアのアトス山に多くの修道院が存在していることはよく知られている。ただし、正教会には修道会のような組織は生まれなかった。

●カトリック教会・修道会の変遷

カトリック教会において、はじめて修道会が生まれたのは6世紀のことで、もっとも古い修道会がベネディクト会である。ベネディクト会は、ヌルシアのベネディクトゥスによって創建され、「祈れ、そして働け」をモットーとした。ベネディクト会の修道士は1日8回神に祈りを捧げるとともに、修道院を経済的に成り立たせるために農耕などの労働にも従事した。信徒からの寄進にばかり頼るのではなく、自助努力によって修道会を維持しようとした。こうした修道会は「観想修道会」と呼ばれる。

ただし、観想修道会の活動は、修道院という閉じた世界の内部にとどまったため、一般信徒の信仰生活には大きな影響を与えなかった。そこで10世紀になると、クリュニー会が生まれ、修道生活を徹底させるだけではなく、農民層への布教を目指すようになる。ところが、修道士の方は労働を放棄しただけではなく、莫大な寄進を得て貴族のような生活を送るようになってしまった。

こうした動きを批判し、修道会本来の方向性を取り戻そうとしたのが厳律シトー会（トラピスト会と言った方が、日本人にはなじみがある）だった。さらに13世紀になると、清貧であることを理想に掲げ、托鉢によって生活を成り立たせようとするフランシスコ会も誕生した。

フランシスコ会は、キリスト教本来の精神に立ち戻ることを目指すもので、当時のキリスト教社会に大きな影響を与えた。清貧であることは、イエスの精神に立ち戻ることを意味したからである。こうした修道会は、「托鉢修道会」と呼ばれた。

托鉢修道会が誕生したのと同じ時代に盛んになるのが、中世最大の異端と言われた「カタリ派」である。重要な点は、フランシスコ会とカタリ派のあいだに深いつながりがあったことである。

エルサレム奪回を目指して十字軍が派遣されたことについては、前の章でふれた。第1回十字軍は、その目的を果たし、エルサレムを奪回し、そこに十字軍国家を建設することに成功する。ところが、その後、エルサレムはアラブの勢力に奪い返され、再奪回を目指して第2回以降の十字軍が派遣されることになる。

ところが、第4回の十字軍を召集したインノケンティウス3世（在位1198〜1216年）は「アルビジョア十字軍」を派遣する。これは、カタリ派などの異端を撲滅するための十字軍であった。

カタリ派の基本的な教義は善悪二元論である。この世界には、善なる神と同時に悪神が存在するとされ、現実の世界を支配しているのは悪神とされた。カタリ派では、旧約聖書に登場する神は、否定されるべき現実世界を生んだがゆえに悪神と見なされていたのだ。

一方、善なる神が創造した霊は、肉体という獄舎に捕えられており、現世に繋がれている。イエス・キリストは、その事実を証明し、救済を啓示するために来臨した天使だったのだが、福音書に記されたイエスの物語はあくまで幻であるとされた。その上で、贖罪の教えや三位一体論も否定された。

では、どうしたら人間は救われるのだろうか。

救われるためには、カタリ派の教団に加わって、厳しい戒律を守らなければならない。その際に決定的に重要なことは、悪神が創造した物質の世界とできるだけ没交渉で生きることである。とくに肉欲と肉食は徹底的な憎悪の対象となった。

ローマ教会は悪神が創造したものであるがゆえに、教会における秘跡、職階、諸制度、十字架、会堂、聖遺物、墓地なども全面的に否定された。社会生活についても、権力、家族、所有、生産などのいっさいに価値が認められなかった。もっとも極端なところでは、自殺が「耐忍礼《たいにんれい》」という形で、カタリ派の聖職者のみであるものの制度化されたことである。

このように、徹底して現世の価値を否定するカタリ派の思想は、清貧を貫こうとした托鉢修道会のあり方に通じる。両者が出現した13世紀は、資本主義の萌芽が生まれた時代であり、経済の発展が人々を翻弄しつつあった（前掲『世界経済史講義』を参照）。

そうした時代状況のなかで、清貧という考え方に改めて注目が集まったのだが、それを徹底して追究していけば、カタリ派のように極端な方向に向かうことになる。清貧と異端とは表裏一体の関係にあったのだ。

また、前の章でふれた中世スコラ学の大家、トマス・アクィナスが生まれ、その生涯を送ったのも13世紀のことだった（1225年ごろ～1274年）。トマスも、托鉢修道会の一つ、ドミニコ会の修道士であった。

●トマスも禁じた利子の徴収に正当性はあるのか。オリーヴィの主張

トマス・アクィナスは、『神学大全』のなかで、ラテン語で利子を意味する「ウスラ」を禁じていた。トマスが、利子のことを問題にしなければならなかったのも、経済が発展していくなかでは、大規模な事業をするために金を借りる必要が出てきていたからである。トマスは、自らの神学を確立する上で、アリストテレスの哲学の強い影響を受けたが、すでに述べたように、利子の禁止は、ユダヤ教以来の伝統であるとともにアリストテレスが説いたことでもあった。

トマスと同じスコラ学者で、その少し後に活躍したフランシスコ会の神学者にピエール・ド・ジャン・オリーヴィ（1248〜1298年）がいた。オリーヴィのことは1970年代になるまで忘れ去られていたが、彼は利子をとることを正当化する議論を展開するとともに、「貨幣は石ではなく種子だ」というとらえ方をすることで、後の経済学における「資本」の概念を作り上げていった。

なぜ、旧約聖書において禁じられた利子の徴収が正当化できるのか。オリーヴィは、アリストテレスに遡る「共通善」の考え方をとりいれ、それが人々の生活に好ましい影響を与えるものであれば許されるという立場をとったのだった（大黒俊二『嘘と貪欲―西欧中

世の商業・商人観』名古屋大学出版会)。

一般には、キリスト教と比較してイスラム教の方が戒律が厳しいという見方があるかもしれない。イスラム教では、1日5回の礼拝が定められ、断食月の日中には飲食をいっさい慎むことになるからである。

しかし、イスラム教とキリスト教との大きな違いは、組織が存在しないことにある。キリスト教では、カトリックに代表されるように強固な組織が形成され、それは絶大な権力をもってきた。とくに、中世ヨーロッパにおいて、カトリック教会は強大な権力を発揮し、帝国や王国といった世俗の権力と衝突することも珍しくなかった。教会や教皇には、広大な土地が寄進され、それがカトリック教会の経済基盤となり、その上で教会は権力をふるったのだ。

イスラム教でも、ユダヤ教の伝統を引いている以上、利子は禁止されている。だが、イスラム教の世界では、利子を徴収しない形で融資を行う方法が開拓され、それによって商業活動が推進された。ただ、その分、オリーヴィのように神学的に利子を正当化する試みは生まれず、将来に経済学を生むことにはつながらなかった。それは、現在の「イスラム金融」においても同じである。

中世ヨーロッパでは、教会の力が大きく、人々の生活を支配していた。したがって、利子を徴収することは神に背く悪魔の仕業としてとらえられた。その結果、高利貸は賤しい職業と見なされ、死後には必ずや地獄に落とされると考えられていた。高利貸の側も、自分たちが罪深い行為を犯していることを自覚しており、それに脅えていた。

その点については、社会史のジャック・ル・ゴッフの小著『中世の高利貸―金も命も』（渡辺香根夫訳、法政大学出版局）で述べられている。たとえば、ある裕福な高利貸は、普段、神を怖れることもなかったが、ある夜、妻のかたわらで寝ていた際、突如として身震いしながら起き上がり、いぶかる妻に対して、「たったいま最後の審判に連れてゆかれ、数えきれぬ罪状で訴追されたのだが、わたしはうろたえて口も利けず、告解を願いでることもできなかった。ついに至高の裁きの手がわたしを悪魔に引きわたす判決を下された。今日にも悪魔どもがわたしを拉致しにやってくるはずだ」と答え、近くにあった質草の上着をはおると出ていってしまった。その高利貸は教会に逃げ込んだが、放心状態で、結局は船に乗せられて悪魔に連れ去られてしまったというのだ。

荒唐無稽な話だが、これは、当時の高利貸が自分たちの仕事を罪深いものととらえていたことを示している。そして、どこかの時点で改心し、それまでにとった利息分を返しておかなければならないとも考えられていた。本人が返そうとしなければ、家族が説得した。教会もまた、高利貸に対して、「金か命か、どちらかを選べ」と迫った。教会には、地獄の恐怖を煽ることができる権力が備わっていたのである。

●カトリック教会の権力の象徴「異端審問」

もう一つカトリック教会の権力を象徴するのが、「異端審問」の存在である。アルビジョワ十字軍が、カタリ派を制圧するために派遣されたことについてはすでにふれたが、１２２９年には、トゥールーズ教会会議において、異端審問を行うための特設法廷が設置された。１２３３年になると、ローマ教皇であったグレゴリウス９世（在位１２２７～１２４１年）は、異端者の認定と処罰の権限を地域の司教の手から奪い、教皇に直属する異端審問官にそれを委託する制度を設けた。

異端審問官に任命されることが多かったのがドミニコ会の修道士たちだった。ここにも、ドミニコ会のような托鉢修道会とカタリ派のような異端が表裏一体の関係にあることが示されていた。もっとも有名な異端審問官がベルナール・ギーだが、彼もドミニコ会の修道士だった。

このようにカトリック教会は、強大な権力をもち、中世ヨーロッパ社会に君臨した。世俗の権力は、教会権力とさまざまな点で対立する関係におかれた。それが、すでに述べた叙任権闘争に発展した。

叙任権闘争の激しさを象徴する出来事が、「カノッサの屈辱」である。これは、教皇のグレゴリウス7世（在位1073～1085年）が、神聖ローマ帝国の皇帝、ハインリヒ4世（同1084～1106年）の聖職叙任権を否定し、皇帝を破門にしたことで起こったものである。皇帝は、教皇が滞在していた北イタリアのカノッサの城外で、雪のなかを3日間にわたって立ち尽くし、謝罪した。これで教皇から許されるが、その後、皇帝は教皇を捕えてローマから追放してしまった。

カノッサの屈辱が起こったのは1077年のことだった。叙任権闘争は、その後12世紀まで続いていく。結局は、教会の側が聖職者を叙任する権利を確立していくことになるが、それも、世俗権力の側が、自分たちの正統性を主張する際に、ローマ教皇の後ろ盾を必要としたからである。カール大帝などの例はすでに見たが、これはやがて絶対王制下のイギリスにおいて「王権神授説」という主張を生み出すこととなっていく。

こうした絶大な権力をもつカトリック教会に対して真っ向から意義を唱えたのが、16世紀に起こった「宗教改革」である。それは、正教会やカトリック教会とは異なる「プロテスタント」を誕生させることになった。次の章では、宗教改革と、それ以降のキリスト教について見ていくことになる。

第5章　宗教改革は世界を大きく変えた

●モンゴル帝国の成立。世界に版図を広げ、アジアとヨーロッパが結ばれる

13世紀にはモンゴル帝国が出現し、またたくまにその版図を広げていった。それによって、それまで交流が乏しかった東の世界と西の世界のあいだに結びつきが生まれた。モンゴル帝国は、現在も進行するグローバル化、国際化の先鞭をつけたと考えられる。

その時代、モンゴル系の諸部族は、モンゴル部とタタール部とに分かれ、対立していた。ところが、モンゴル部にテムジンという人物が現れ、部族を統一し、最高権力者となった。テムジンには、チンギス・ハーン（カン）の称号を与えられた。

チンギス・ハーンは、1215年に満州一帯を支配していた女真族の金を打ち破り、現在の北京を陥れた。それを皮切りに、南ロシアや中央アジア、そして、イスラム教が広まった地域にまで版図を広げていった。

チンギス・ハーン自身は、1227年に中国六盤山《ろくばんざん》の南にあった野営地で亡くなってしまう。だが、世界征服の野望は、彼の子どもたちに受け継がれた。モンゴル軍はロシアの諸公国を占領し、支配していく。前の章でロシアの正教会に関連して、タタールの軛についてふれたが、ロシアはモンゴル帝国の支配下におかれた。さらにモンゴル軍は、ヨーロッパにまで攻めのぼり、ポーランド、ハンガリー、モラヴィア、オーストリア、クロアチ

アを次々と屈伏させ、最後にギリシアの北西にあるアルバニアに到達した。イタリア半島は、アドリア海の対岸にある。

モンゴル帝国が急速にその勢力を拡大することができたのは、進出した地域、とくに中央アジアなどには、統一された帝国なり、王国なりが存在しなかったからである。モンゴルは、その間隙をぬって領土を拡大していった。

広大なモンゴル帝国が成立したことによって、アジアとヨーロッパが結ばれ、東西を旅する旅行家も現れた。その代表が、『東方見聞録』を著したマルコ・ポーロである。その後、14世紀に入ると、1347年からは、ヨーロッパにおいて「黒死病」の大流行が起こる。黒死病はペストと考えられる。

●黒死病（ペスト）の流行が曠宥状を生んだ

ヨーロッパにおけるペストの流行は、紀元前5世紀や紀元6世紀に起こっていた。ただし、その後は1000年近くにわたって発生しなかった。ところが、14世紀の流行は猛威をふるい、ヨーロッパ全体で2000万人から3000万人が亡くなったと推計されている。これは、当時の人口の3分の1から3分の2に相当する。

その背景には、モンゴルの世界進出によって東西の交流が進んだことがあった。人やモノが行き来するようになると、その流れに乗ってペスト菌が改めてヨーロッパに伝えられたのだ。

黒死病の大流行は、労働力の不足といった事態を生んだが、死に対する強い自覚を生むことになり、芸術的な表現として「死の舞踏」といったモチーフが流行した。あるいは、「煉獄《れんごく》」の観念も浸透していく。煉獄は、地獄と天国の中間にあって、死者が死の直後に赴く場所とされた。そこで魂が浄化されることになるが、これはカトリック教会独自の考え方だった。

死に対する強い自覚は、キリスト教の信仰をもつ人間の罪意識を強化する役割を果たした。そうした社会状況のなか、それを購入すれば罪を贖うことができるとする「贖宥《しょくゆう》状《じょう》」が発行されるようになる。

第3章で見たように、ローマ教皇のウルバヌス2世が十字軍を召集したとき、それに加わることは贖罪になるとされた。十字軍が、エルサレム周辺で大量の聖遺物を集め、それをヨーロッパに送ったのも、聖遺物には贖罪の力があると信じられたからだった。

贖宥状は、十字軍が召集される際にすでに発行されていた。誰もがエルサレムまで遠征できなかったからである。その後になると、教会や病院、橋、道路、要塞などといった公共事業に従事した人間に対して贖宥が与えられるようになる。善行を果たすことで罪が贖われると説かれたのである。

煉獄も、贖宥と関連づけられた。多くの贖宥状を集めれば、煉獄の滞在期間が短縮されると考えられるようになる。さらに、１３００年に、教皇ボニファティウス８世はその年を「聖年」と定め、ローマに巡礼し、一定の儀礼を行えば、すべての罪が許されるとした。１００年に１度だった聖年は、しだいに、50年、33年と短縮されていった（岩井洋「中世カトリック教会の経営―告白・贖宥・煉獄・聖年」『帝塚山大学全学教育開発センター紀要』Ｖｏｌ．７）。

教会にとって、贖宥状の発行は、金を集める手段として格好の道具となるものだった。とくに、１３７８年から１４１７年にかけては、ローマとフランスのアヴィニョンにそれぞれ教皇が立つ「教会大分裂」の時代が訪れ、それはさらに３人の教皇が鼎立《ていりつ》する状態へと発展していった。

３人の教皇の一人、ヨハネス23世は、ナポリ王国の軍事的な制圧を行うための資金を調達するために贖宥状を売りに出した。これに対して反対の声をあげたのが、チェコの宗教思想家でプラハ大学の学長だったヨハネス・フスだった。フスは破門され、1415年のコンスタンツ公会議に召喚されると、異端として火あぶりの刑に処せられている（前掲『キリスト教の歴史1』）。

フスは、イングランドの神学者であったジョン・ウィクリフの影響を受けていた。ウィクリフは、聖書にあらゆる真理が示されているとする聖書中心主義の立場をとり、カトリック教会のなかに生み出されてきた聖人や聖遺物、あるいは煉獄といった教えを否定した。さらに、聖職者の叙階を不要とし、誰もが聖職者になることができると主張した。さらには、弟子たちとともにラテン語の聖書を英訳した。ウィクリフは、自然死をとげるが、コンスタンツ公会議では異端と宣告され、墓は暴かれ、遺体は焼かれている。

ウィクリフやフスの主張や行動は、まさにドイツにおいて宗教改革を引き起こすマルティン・ルターのそれと重なっており、その先駆をなすものであった。

●ルターの宗教改革と聖書の印刷技術の発展

1517年10月31日、聖アウグスティノ修道会の修道士マルティン・ルターは、ドイツの中部にあるヴィッテンベルク城の教会の扉に、贖宥状の販売に反対する「95箇条の提題」を張りつけ、教会批判を展開する。ローマ教皇は、バチカンのサンピエトロ大聖堂の建築資金を集めるために、贖宥状を発行していた。これが、ヨーロッパのキリスト教会を大きく揺るがす宗教改革のはじまりであった。

ルターの父親は鉱山業に従事していた。ルター自身は、14世紀末に誕生したエアフルト大学に進み、法律家への道を歩んでいた。ところが、激しい嵐のなかで強い恐怖を感じ、それをきっかけに修道士に転身する。そして、教会の堕落という事態に直面する。それは、ルターに神の怒りへの不安を生み、そこから彼は「神の義」、神の正義について深く考えるようになる。

ルターにとっても、パウロという存在は重要だった。彼は、パウロによる「ローマの信徒への手紙」にある「福音には、神の義が啓示されていますが、それは、初めから終わりまで信仰を通して実現されるのです。『正しい者は信仰によって生きる』と書いてあるとおりです」（1章17節）ということばに触発され、人間は自分自身の力によって義となること、つまりは正しい人間になることはできず、キリストへの信仰によってのみ義となることができると考えるようになり、ひたすらキリストを信仰することを強く勧めるようになった。このルターの考え方からすれば、教会に救済の力があることを前提とする贖宥状のあり方は根本的に間違っていることになる。

ルターの主張は、人は信仰のみによって救われるというもので、教会の組織や聖職者を媒介としないで救済がもたらされるとし、教会や聖職者の存在を根本から否定した。そしてルターは、すべての人間が祭司となることができるとする「万人祭司説」を主張する。

ルターは、フスのように火あぶりの刑には処せられなかったものの、教会からは破門されている。

イングランドのウィクリフも聖書主義の立場をとり、聖書の英訳を行ったわけだが、ルターも、同様の考え方をとり、ラテン語の聖書のドイツ語訳を行った。これが、聖書を普及させることに結びついたのだが、そこには、グーテンベルクによる印刷技術の開発が密接に関係していた。

グーテンベルクは、1398年ごろに生まれ、1468年に亡くなっている。グーテンベルクが生まれた時点で、すでにウィクリフは亡くなっていた。グーテンベルクが、42行聖書と呼ばれるラテン語の聖書の機械印刷を完成させたのは1455年のことだった。

ルターによってドイツ語訳された聖書も、グーテンベルクの印刷術によって広まっていく。それは、「95箇条の提題」についても言えることで、ラテン語で書かれた提題はドイツ語訳され、瞬く間に広がったとも言われる。この提題をルターが教会の扉に貼ったということについては、歴史上の事実ではなく、伝説である可能性が高い。

イエス・キリストの言動について記した福音書を含む新約聖書がどのようにして成立したのかについては、第２章で説明した。福音書に、実際のイエスの言動がどこまで含まれているかは定かではなく、キリスト教の教義は、イエスの教えだけがもとになっているわけではない。そこには、パウロやアウグスティヌスの強い影響があり、教会の制度が整えられることによって、キリスト教のあり方は大きく変わっていった。

したがって、聖書を読めば、イエスの教えと現実の教会のあり方とのあいだに大きな開きがあることに気づかざるを得ない。そのことを、ウィクリフやルターは問題にしたわけで、宗教改革は教会批判の性格をもつこととなった。

カトリック教会には、広大な領地が寄進され、ヨーロッパには教会領や教皇領が生まれていた。それが、教会の権力基盤となったわけで、教会領や教皇領に寄進することで、帝国や国家から課せられる負担を逃れることができた。これは中世の日本で社寺に対して領地が寄進され、権力機構としての寺社勢力が生み出されたことと共通している。興味深いことに、ヨーロッパと日本は同じ道を歩んでいったのである。

そこには、中世の時代において、国家権力の力が十分に発達していなかったことが影響していた。やがて近世になると、絶対王政に発展し、国民国家が誕生するが、中世は帝国の時代であった。帝国は版図は広大でも、その末端の地域にまで権力が及んでいるわけではなかった。だからこそ、ヨーロッパにおいては、教会権力が一大勢力となったのである。

重要なのは、カトリック教会と真っ向から対立する立場におかれたルターが、ザクセン選帝侯をはじめとするドイツの諸侯から支持されたことである。ドイツ諸侯は、カトリック教会の権力と対抗するとともに、神聖ローマ帝国の皇帝の権力にも対立するようになり、領邦国家の形成へと向かっていた。それと併行したのが領邦教会体制の構築であり、それはプロテスタントのカトリック教会からの離脱を意味した。

こうした事態が起こらなければ、ルターの試みは、教会内部の出来事に終わっていたであろう。あるいは、フスのように、ルターは異端とされ、処刑されてしまい、その影響力は大きなものにならなかったかもしれない。

ところが、ドイツ諸侯は1531年にシュマルカルデン同盟を締結し、皇帝や教会権力と軍事的に対抗することになる。ただ、その時期は、ヨーロッパにとっては強敵であるオスマン帝国が迫ってきており、フランスとの外交関係もあり、すぐには戦争にはならなかった。

1546年に、ルターは亡くなる。すると、神聖ローマ帝国のカール皇帝は、シュマルカルデン同盟に対して戦争を仕掛けた。これによってシュマルカルデン戦争が勃発する。この戦争は、皇帝の側の勝利に終わったものの、カール皇帝が強硬路線をとったため、カトリック側からの反発も受け、最終的に同盟に結集したルター派を容認せざるを得なくなる。

1555年、カールの後を継いだ弟のフェルディナントは、アウクスブルクで帝国議会を開催し、そこで、「宗教平和令」が公布される。その原則は「ひとりの支配者のいるところ、ひとつの宗教」というもので、諸侯はカトリックかルター派のプロテスタントかどちらかを選ぶことができた。ただし、領民には、領主の選択した信仰しか許されず、それに従いたくなければ、その土地から出ていくしかなかった。

一方で、宗教改革の波はドイツ以外の国々にも及び、ルター派以外にも新しい派が生まれる。カルヴァン派、ツヴィングリ派、再洗礼派などである。ところが、アウクスブルクの宗教平和令では、そうした派は異端とされ、諸侯もそれを選ぶことができなかった。これによって、ルター派の信仰にはお墨付きが与えられる形となったものの、それでカトリックとプロテスタントの対立が解消されたわけではなかった。

●カルバン派の「福音主義」はやがて「ユグノー戦争」へ発展

そこで重要な存在となったのがカルヴァン派であった。カルヴァン派は、フランス出身の神学者、ジャン・カルヴァンに由来する。

カルヴァンは、パリ大学などで哲学や神学、法学を学んでいたが、24歳のときに「福音主義」に改宗した。福音主義とは、救済の根拠をもっぱら聖書に求めるもので、それはウィクリフやルターの考えと共通していた。

福音主義の立場からすれば、カトリック教会のあり方や信仰は聖書から逸脱していることになる。聖人の遺骨を対象とした聖遺物崇敬などは、その最たるものであり、カルヴァンは、著作のなかで聖遺物崇敬を徹底して批判している（『カルヴァン小論集』波木居斉二訳、岩波文庫）。

こうしたところには、宗教改革家の合理性が示されているが、カルヴァンは信仰に対して極めて厳格であった。フランスで福音主義が弾圧されると、そこを逃れて、スイスのジュネーブに滞在するようになる。その時代には、現地の宗教改革家であるギョーム・ファレルに依頼されて改革運動の手助けを行い、いったんはジュネーブからも追放されてしまう。それでも、３年後に呼び戻され、カルヴァンは、長老会による神権政治を行い、市民に対しても規律ある生活を求めた。

さらにカルヴァン派は、カルヴァンの生地であるフランスに福音主義を輸出しようと試み、多くの宣教師を派遣した。フランスにも、カトリック教会のあり方に不満をもち、その改革を求める人間たちが数多く存在したからである。

しかし、このことが「ユグノー戦争」へと発展していく。ユグノーとは、フランスにおける福音主義者、つまりはプロテスタントのことである。ユグノー戦争は１５６２年から98年まで続き、多くの犠牲者を出すことになるが、ヨーロッパの歴史学においては、これを「宗教戦争」と呼ぶ。宗教をめぐる戦争は、世界中でくり返されてきたが、狭義の宗教戦争はユグノー戦争をさしている。それだけ、この戦争はヨーロッパに衝撃を与えたことになる。

ユグノー戦争は、第１次から第８次までくり返されるが、もっとも凄惨な事件は第３次のときに起こった。

第３次のユグノー戦争は、フランス王室がユグノーを鎮圧しようとして１５６８年にはじまる。ただ、鎮圧には失敗し、小競り合いが再燃するが、国王軍は1569年3月にユグノーを奇襲し、ユグノーを率いていたコンデ親王ルイ1世を殺害してしまう。

事態を難しくしたのは外国が介入してきたからで、カトリックの側はスイスからの援軍を受け、ユグノーとそれを支持するドイツ軍を打ち負かした。ただ、たび重なる戦争で王家の負債は増大しており、国王のシャルル9世は和平を望み、ユグノーに対して信仰の自由が認められた。ただ、これによってカトリックの側は不満を募らせることにもなった。

この時代、摂政として権力を握っていた皇太后のカトリーヌ・ド・メディシスは、ユグノーの指導者であるコリニー伯ガスパールが彼女の息子であるシャルル9世に接近し、その影響が及ばないようにと暗殺を試みるが、それに失敗してしまう。それでも、シャルル9世に対して、ユグノー派の指導者を死刑にするよう説得を試みた。

そんな折、王女マグリットと、プロテスタントのナヴァーラ王アンリの結婚式がパリで行われ、そこにはユグノーの指導者が多く集まってきた。1572年8月24日のサン・バルテルミの日、カトリックの暴徒が市内各所で蜂起し、ユグノーの指導者を襲い、コリニー伯も殺された。これによってパリで3000人のユグノーが殺され、フランス全土では5万人が殺された。これが、「サン・バルテルミの虐殺」と呼ばれる事件である。

その後も、戦争はくり返される。そこには信仰の問題だけではなく、王家の継承問題もからみ、事態は複雑な様相を呈していく。それでも、１５９８年には「ナントの勅令」が発せられ、ユグノーに対して信仰の自由が認められた。36年もの長きにわたった戦争は終わりを告げたのだ。

ただ、ナントの勅令においてユグノーの信仰の自由が認められたとは言っても、パリとその周辺約20キロの範囲では、ユグノーが領主でない限り、ユグノーの礼拝は許されなかった。要するに、ユグノーの存在が許されたというだけのことである。そして、１６８５年に出されたフォンテヌブローの王令によって、ナントの勅令は破棄されてしまう。

フォンテヌブローの王令を出したルイ14世は、ユグノーを敵視し、ユグノーに対して、改宗するか、女性なら牢獄に行くか、男性ならガレー船漕役刑に処せられるか、はたまた死を選ぶかを迫った。その結果、85万人のユグノーのうち20万人がヨーロッパ各地に亡命した。結局、フランスにはプロテスタントの信仰が定着しなかったのである。

●ウェストファリア条約の締結がヨーロッパのキリスト教世界を大きく変えた

一方、ドイツにおいても、宗教平和令によってカトリックとプロテスタントの対立が解消されたわけではなかった。その後、「最後の宗教戦争」と呼ばれる「三十年戦争」が勃発する。

三十年戦争は複雑な経緯をたどった。当初はカトリックとプロテスタントが対立する、まさに宗教戦争であった。ところが、諸外国がそれぞれの利害にもとづいて軍事的に介入することによって、ヨーロッパ全体を巻き込んだ国際的な戦争の様相を呈していった。この戦争によって、ドイツ人の20パーセント、８００万人以上が亡くなったとされる。いかに凄惨な戦争であったかがわかる。

宗教平和令が公布された時代には、対立していたのはカトリック教会とルター派のプロテスタントであった。ところが、フランスのユグノーや、対抗宗教改革によって生まれたイエズス会のような修道会もそこに加わり、事態は複雑なものになっていく。イエズス会は戦闘的な修道会であり、プロテスタントの信仰からカトリックを守ることに力を入れた。新たな勢力が加わることで、ドイツの宗教をめぐる状況は複雑化した。

戦況は一進一退で、なかなか決着がつかなかった。しかも、多くの人命が奪われ、国土も荒廃した。そこには、この戦争が傭兵によって担われたことが影響していた。傭兵は金銭で雇われて戦争に従事するわけだが、戦争が長引くことで支払いが滞ると、傭兵たちは、占領した地域において略奪をほしいままにした。さらに、疫病の流行が加わり、それが大幅な人口の減少に結びついた。

これ以上、戦争を続けることは不可能になり、1641年から講和会談の下交渉がはじまり、48年に「ウェストファリア条約」が締結された。それによって宗教平和令が再確認され、カルヴァン派の存在も容認されるようになった。

ウェストファリア条約は、その後のヨーロッパのあり方を決定する重要なものとなった。一つには、神聖ローマ帝国が実質的に解体され、プロイセンとオーストリアが主権国家として樹立されることとなった。これは、ヨーロッパに「主権国家体制」を確立することに結びついていく。

宗教的に大きいのは、大規模で長期にわたる戦争にまで発展したカトリックとプロテスタントの対立に、一応の終止符が打たれたことである。これによって、ヨーロッパは、カトリック圏とプロテスタント圏に二分される。ただ、ドイツにおいては、カトリックとルター派のプロテスタントが勢力として拮抗し、共存することになった。スイスでも、ドイツと似たような事態が生まれた。

イギリスでは、ヘンリー8世が離婚問題でカトリック教会から破門され、イギリス国教会が成立する。国教会は、カトリックから離脱した点でプロテスタントになるわけだが、儀式の面では、カトリック教会の方法が踏襲され、その点で、他のプロテスタントとはあり方が異なっていた。しかも、国王が教会の最高統治者になるという特異な体制がとられた。

問題はフランスだった。フランスにも、プロテスタントのユグノーが増加し、それでユグノー戦争が勃発したわけだが、最終的に、彼らはフランスから追い出されてしまった。それによってフランスはカトリック圏にとどまった。

しかし、そうした体制が維持されたことで、教会権力は温存され、それが改められなかったため、1789年に起こった「フランス革命」によって、絶対王政が打倒されただけではなく、教会の土地や財産が没収され、多くの司祭が追放された。処刑された司祭も数百人に及んだ。

それでも、カトリックの信仰はフランスに定着したままで、いかに教会の権力を抑えるかが課題になり続けた。それはやがて、フランスに特異な政教分離の原則である「ライシテ」の確立へと結びついていく。

このように、宗教改革によって、ヨーロッパにおけるキリスト教世界は根本的な変容を迫られることとなった。

ここで注意しておかなければならないのは、宗教改革に対する評価が一律ではないことである。私たちは、宗教改革は、贖宥状に見られるカトリック教会の堕落を是正するための運動であるとして、それに高い評価を与える傾向がある。

しかし、それはあくまでプロテスタントの側の見方であり、カトリック教会が宗教改革を評価しているわけではない。カトリック教会にしてみれば、プロテスタント諸派は自分たちの信者を奪っていった信仰上の略奪者であり、自分たちの信仰体制を大きく揺るがした敵にほかならなかった。

ただ、カトリック教会の側も、宗教改革が勃発したことによって、従来のあり方に安住できないことを自覚するようになり、独自の改革に乗り出す。それが、すでにふれた対抗宗教改革であった。その具体的な現れがイエズス会の結成である。

●イエズス会の結成。海外での宣教戦略

修道会については第4章でふれた。それはカトリック教会に特有の制度で、ベネディクト会からその歴史がはじまり、さまざまな修道会が生み出されていった。イエズス会もその一つであり、1534年8月15日、イグナチウス・デ・ロヨラを中心に、フランシスコ・ザビエルなどのパリ大学の学友たちが、モンマルトルの丘にあるサン・ドニ聖堂で、清貧、貞潔、そしてエルサレムへの巡礼の誓いを立てたことにはじまる。

清貧や貞潔を重んじる点では、托鉢修道会などと共通するものの、イエズス会の特徴としては、戦闘的な集団を作り上げたこと、海外への宣教を目的としたこと、教育を重視したこと、そして、貿易を中心とした経済活動に従事したことがあげられる。

イエズス会が戦闘的な集団を組織していったのは、宗教改革によって生じた状況に対して強い危機意識を抱いたからである。彼らは、「キリストの精鋭兵士」としての自覚をもち、キリスト教の教えを広めていく海外の異教の地を「戦場」としてとらえた。

日本にとって重要なことは、イエズス会の創立メンバーの一人であるザビエルが来日したことである。ザビエルは、キリスト教にとっては処女地である日本において果敢に宣教活動を展開した。そこには、イエズス会の理念を背景とした強い使命感があった。

しかし、イエズス会が、宣教活動のための資金を貿易によって稼ぎ出そうとしたことは、他の修道会から批判を受けることともなっていく。

イエズス会の戦略は、まず国王などの為政者をキリスト教徒に改宗させ、宣教の許可を得ようというもので、国王に高価な進物を献上する必要があった。日本の場合、国王にあたるのが天皇になるわけで、だからこそ彼は京都に向かった。天皇に献上する進物を、ザビエルはマラッカで調達していた。結局、当時の天皇がおかれていた状況に失望したため、ザビエルはそれを天皇に献上しなかったものの、山口での布教には活用している。

ザビエルの場合、家系的には商人の家につらなる者ではなかったものの、商才にはたけていた。彼は、鹿児島からマラッカの長官などに宛てた書簡のなかで、当時の日本で第一の港であり、金や銀が集まってくる堺に、ポルトガルの商館を設けるならば、多大な利益を上げることができると提言していた。

この提言は、ザビエル自身の利益にも結びつくもので、商館を設置した際には、自分を日本へ送る商品を扱う代理に任命してくれるならば、確実に利益を上げることができるとも言い切っていた。

ザビエルは、日本を訪れる際に、マラッカの長官から30バレルの胡椒《こしょう》を渡されており、それが2年3カ月に及ぶ日本滞在の資金になった。ただし、日本では、中国ほど胡椒に対する需要がなかったため、それを踏まえ、長官に対しては、日本への貿易船にはそれほど多くの胡椒を積み込まないよう提言を行っていた。

こうした経済的な利害と宣教活動との結びつきは、イエズス会にだけ見られることではなく、この時代のカトリック世界全体に共通する特徴でもあった。

これは16世紀における宗教改革に先立つものだが、15世紀半ばから「大航海時代」が訪れる。ヨーロッパにおける海洋貿易ということでは、それまで地中海貿易が中心だったが、オスマン帝国が1453年にビザンツ帝国を滅ぼすと、イタリアのベネチアがオスマン帝国との間の地中海貿易を独占した。

ヨーロッパの西の端に位置するイベリア半島にあったスペインやポルトガルは、そうした地中海貿易の恩恵に与かることができず、大西洋に出ていくしかなかった。しかも、1492年には、長くイベリア半島を支配してきたイスラム教徒のムーア人が追放され、念願の「レコンキスタ」が実現した。

●コロンブスの宗教的な情熱がアメリカ大陸到達につながる

まさに、その1492年にヨーロッパの人間としてはじめてアメリカ大陸に到達したのが、クリストファー・コロンブスであった（ただし、コロンブス以前にバイキングがアメリカ大陸に至っていたとも言われる）。重要なことは、コロンブスに特異なキリスト教の信仰があったことである。

コロンブスは、イタリアのジェノバの出身で、マルコ・ポーロの「東方見聞録」に登場する黄金の国ジパングに憧れ、西廻りでアジアに向かうことを考えた。最初、ポルトガルの王室に航海を提案するが、うけいれられなかったため、スペインに渡り、イサベラ女王に会って、自らの計画を支援してくれるよう訴えた。

カスティリャ王国の女王であったイサベラは、同じイベリア半島のアラゴン王国の王子、フェルナンド2世と結婚し、それによってスペイン王国が誕生していた。二人はともに王となって「カトリック両王」と呼ばれたが、レコンキスタを実現しなければならないという課題があり、最初、イサベラ女王は、コロンブスの提案を採用しなかった。

ところが、ムーア人の拠点であったグラナダを陥落させることに成功し、レコンキスタが実現したことで、女王はコロンブスと契約を交わした。コロンブスは1492年8月に出航し、10月には未知の島に行き着く。彼はそれをインドにある島と考えたが、実際にはバハマ諸島の一つで、コロンブスはそこを「サン・サルバドル（聖なる救世主）」と名付けた。

コロンブスがイサベラ女王と交わした契約は「サンタフェ契約」と呼ばれる。そのなかには、コロンブスが発見した土地は永久に提督となる彼のものになること、土地からあがる収益の10パーセントがコロンブスの取り分となることが定められていた。

この契約を見ると、コロンブスがインドを目指した目的は、もっぱら経済的なことにあったように思える。しかし、最初に発見した島を聖なる救世主と名付けたところには、コロンブスに宗教的な目的があったことが示されている。

コロンブスは、実は終末論の信奉者だった。晩年には、「予言の書」という書物まで執筆している。それは未完に終わるのだが、序文にあたる書簡（1501年から02年）においてコロンブスは、「世界が終わる7000年に達するまでおよそ155年しか残されていない」と述べていた。終末が訪れる前に福音を伝えなければならないというのだ。根拠は不明なのだが、コロンブスは、世界ははじまって7000年で終末を迎え、今はすでに6845年が経ったと信じていた。

また、１４９２年12月26日付の「航海日誌」では、彼がインドと考えた土地から得られるすべての収穫を、エルサレムにイエス・キリストの墓を回復するために使うことを建言していた。これは十字軍に通じる考え方であり、コロンブスの航海の背後には、宗教的な情熱が存在した（立石博高「大航海時代のスペイン―コロンブスの思想と行動を中心に」同志社大学人文科学研究所第９研究会公開講演）。

コロンブスが自らの航海に宗教的な目的があることを主張したのは、王室から資金援助を得る際に大義名分が必要だったからだとも言える。しかし、航海によって莫大な資産が得られる可能性がある一方で、遠洋航海は過酷で、なおかつ危険がつきまとった。その点で、コロンブスに信仰心があったことが航海への情熱をかき立てたわけで、それは重要な意味をもった。

●聖ヤコブと聖母マリアへの信仰の高まり

しかも、信仰心の高まりは、イベリア半島全体に広まっていたことであり、それは、レコンキスタと関係していた。信仰心の高まりを示す出来事は二つあった。

一つは聖ヤコブに対する信仰である。ヤコブは、イエス・キリストの十二弟子の一人であるが、9世紀の初頭に、スペイン北西部のサンティアゴ・デ・コンポステラにおいて、その墓が発見されるという出来事が起こった。ヤコブは、イエスの弟子のなかで最初に殉教したとされ、遺体は1世紀後半にそこに埋葬されたというのである。

その後、サンティアゴ・デ・コンポステラは、ローマと並ぶカトリック教会の一大聖地になり、多くの巡礼者を集めるようになっていくが、レコンキスタが進められるなかでは、スペインのキリスト教徒の守護聖人と見なされた。兵士たちは、「サンティアゴ」という鬨《とき》の声を上げながらムーア人に向かっていった。彼らが苦境に陥ったときには、ヤコブが白い馬にまたがって天から降りてくるとも信じられた。

もう一つ高まりを見せたのが聖母マリアへの信仰である。その中心となったが、エストレマドゥラ地方のトゥルヒーリョにあるグアダルーペ修道院だった。そこに安置された黒いマリア像は、ムーア人が侵入してきた際にセビーリャからその地へ運ばれ、洞窟に隠されていたのが発見されたと言われた。マリア信仰には、ムーア人との戦いで捕虜になったキリスト教徒が救出された物語やムーア人のキリスト教への改宗の物語が含まれた。

こうした状況のなかで、レコンキスタが実現されるのだが、それは、スペインは世界史の舞台を支配するべく、神によって「選ばれた存在」であるという選民意識を生むことになる。そうした点を強調したのが、貴族の騎士階層と入れ替わる形で宮廷に入ってきた文人官僚たちで、彼らは、スペインの歴史は神の摂理によるものだとし、その頂点には神による啓示を受けて指名された王が位置づけられるとした。スペインという国家自体が宗教性を帯びることになったのである。

それを反映し、ペルーを征服したフランシスコ・ピサロに同行したカトリックの聖職者、ドミニコ会士のビセンテ・デ・バルベルデは、インカの首領と相対したとき、インディオたちに向かって、「教皇様は全世界の土地をキリスト教徒の王にお分けになり、征服を任された。汝の地方は、我らが君、ドン・カルロス皇帝陛下に分け与えられた。陛下は、これを伝えるべく、その代理ピサロ総督を派遣された」と述べ、洗礼を受けてキリスト教徒になれば皇帝陛下は庇護を与えるが、それを拒んだときには、厳しい戦いを仕掛けると宣言した（網野徹哉『インカとスペイン帝国の交錯』講談社学術文庫。ただし、この宣言には諸説ある）。

スペインから新大陸に向かい、そこを征服した人間は、スペイン語で「コンキスタドール」と呼ばれた。コンキスタドールとしては、ピサロのほかに、メキシコのアステカ王国を征服したコルテスの名がよく知られている。コルテスの場合、「新大陸のモーゼ」とも呼ばれたように、インディオをキリスト教徒に改宗させることに熱心だった。

新大陸における植民地の総督は、スペイン本国に設けられたインド諸地域評議会の助言にもとづいて国王によって定められ、政策の執行者となった。それはポルトガルでも同様で、総督は当初の段階から、新大陸に渡ったドミニコ会、フランシスコ会、アウグスティノ会、さらには後発のイエズス会の宣教師を援助し、キリスト教の宣教活動を推進させたのである。

カトリック教会は、宗教改革によってヨーロッパでは信者をプロテスタント諸派に奪われたが、アメリカ大陸において新たな信者を獲得することになる。それは征服によるものだが、土着信仰との融合という事態も起こる。

メキシコでは、キリスト教に改宗して間もない1531年に、インディオの農民夫妻の前に聖母マリアが出現し、大聖堂を建てるよう要求する出来事が起こる。これがグアダルーペの聖母として崇敬の対象になり、大聖堂は一大巡礼地として、キリスト教の信仰を広めることに貢献した。メキシコのグアダルーペの聖母は、すでにふれたスペインのグアダルーペの聖母と同じく黒い聖母だった。

一方、プロテスタントはアメリカ大陸の北の地域に広がっていく。そこには、やはりキリスト教の信仰がかかわっているが、南の地域にカトリックの信仰が広がったのとは事情は大きく異なっていた。

●迫害を受けたピューリタンはアメリカへ。プロテスタントの誕生

１６２０年12月26日、北アメリカの東海岸に一隻の帆船、「メイフラワー号」が到着する。船の全長は27・５メートルで１８０トンほどで、決して大きな船ではなかったが、乗客は１０２名にもなり、ほかに25名から30名の乗員が乗っていた。

乗客のうち、およそ３分の１はイギリス国教会から迫害を受け、国教会からの分離を目指す「分離派」の人間たちだった。

イギリスで国教会が成立すると、改革が不徹底であるとし、教会が王権に支配されていることに対して不満をもつ人々が現れ、宗教改革をより純粋で徹底したものにすることを求めるようになる。

そうした人間たちは、国教会に従わなかったため、「非国教徒」、あるいは「ピューリタン〈清教徒〉」と呼ばれた。そうした人間たちが分離派となったわけで、彼らは東海岸のプリマスに入植した。

プリマスへの入植者は、やがて「ピルグリム・ファーザーズ（巡礼始祖）」と呼ばれるようになる。ピルグリムとは巡礼を意味するが、それも彼らが入植地を、旧約聖書に描かれた「約束の地」としてとらえたからである。

彼らは最初、イギリスからオランダに移住していた。ところが、農民であったため、移住したアムステルダムの都市生活になじめず、アメリカ大陸への移住を考えるようになり、それを実現したのだった。

しかし、メイフラワー号には、彼らとは信仰を同じくしない人間たちも同乗しており、植民者全体が結束するのは容易ではなかった。しかも、植民した場所の環境は厳しく、到着してから2、3カ月のあいだに、一行のうち半分もの人間が命を落としてしまった。長い航海でビタミンCが欠乏し、壊血病にかかった人間が多かったからである。

それでも、選ばれた民としての自覚をもつ初期の入植者たちは、信仰には熱心だった。安息日である日曜日には労働を休み、「ミーティングハウス」と呼ばれる教会堂に集まった。そこでは午前中に礼拝が行われ、牧師による説教も加わり、2時間以上かかった。午後にも、牧師の説教が1時間も続き、安息日は信仰活動にすべて費やされたのだった。

こうした形でアメリカにイギリスによる植民地が生まれ、それはやがてアメリカ合衆国としてイギリスから独立することになる。租税の問題などをめぐって、13の植民地とイギリス本国とが対立し、独立戦争が勃発したことによって、１７８３年に独立が実現されている。

ただ、アメリカ全体にキリスト教の信仰が広まるには時間を要した。それには、第1章でふれた大覚醒の波を何度か経験しなければならなかった。

このように、宗教改革によって、キリスト教のなかにプロテスタントという新しい流れが生まれ、それは、ヨーロッパにおいてカトリック教会と併存するようになった。

ただ、ヨーロッパでプロテスタントに信者を奪われた反動もあって、キリスト教の信仰はアメリカ大陸に広まっていく。そのことが、キリスト教を世界第1位の宗教に押し上げていくことに貢献したのである。

第6章　なぜキリスト教は世界を席巻できたのか

●なぜキリスト教は世界を席巻できたのか

なぜキリスト教は世界を席捲できたのか。その歴史的展開を振り返ることで、その理由について考えてみたい。

キリスト教の起点となったのは、イエス・キリストが十字架にかけられて殺されたという出来事である。その後、イエスは復活し、弟子たちの前に姿を現したと信じる人々が出現した。ここからキリスト教の信仰がはじまる。

キリスト教に改宗し、ローマ帝国において積極的に宣教活動を展開したのが、イエスの死後の弟子となったパウロである。パウロの手によって、復活したイエスに対する信仰は、ユダヤ人の枠を超え、当時版図を拡大しつつあったローマ帝国に広がっていった。

ローマ帝国において、最初キリスト教は迫害を受けたものの、広大な版図全体を統治する上で、唯一絶対の創造神に対する信仰が必要であると判断されたのであろう、キリスト教は国教の地位を確立していく。そして、迫害によって亡くなったキリスト教徒は、聖人として崇敬の対象になっていく。

当初の段階で、イエスの十字架上の死と復活は、すぐにでも訪れるであろう最後の審判を予言するもので、その際にはイエスが救世主として再臨すると信じられた。そして、神の子とされたイエスが、生前においてどういった生涯を歩んだかの物語が作り出され、福音書にまとめられていった。数々の奇跡に彩られた福音書の物語を歴史上の事実としてうけいれるわけにはいかない。パウロが、その書簡において、最後の晩餐における出来事と、イエスの死と復活にしか言及していないことも、そのことを裏づける有力な証拠となるものである。

●訪れない最後の審判からの転換。原罪を確立する司祭・アウグスティヌス

しかし、最後の審判は訪れなかった。最後の審判が間近に迫っているのであれば、地上でどのような暮らしを送るかは重要ではない。ただ、イエスの復活を待ち望んでいればいいのである。ところが、最後の審判が訪れないのであれば、それだけを待望しているわけにはいかない。キリスト教は、教会に人々を救済する力があるとする信仰への転換を果たしていく。

その際に重要な意味をもったのが、原罪の教義の確立である。それについて決定的な役割を果たしたのが、北アフリカのヒッポの司祭となったアウグスティヌスである。彼は、もともとは、当時キリスト教のライバルであったペルシア生まれの宗教、マニ教の信者で

あった。だが、キリスト教徒の母親の影響もあり、パウロの欲望にまみれた生活を送ることへの警告に接して、キリスト教に改宗する。

キリスト教に改宗する以前のアウグスティヌスは、淫蕩《いんとう》な生活を送っており、それに対する反省もあり、最初の人類であるアダムとエバがエデンの園で原罪を犯し、それは遺伝を通して後世の人間に伝えられるようになったとする原罪の教義を確立し、それを積極的に説くようになる。マニ教からキリスト教に改宗した以上、アウグスティヌスには、マニ教の教えを反駁する必要があり、彼はマニ教の特徴である善悪二元論を徹底して攻撃し、唯一絶対の神への信仰こそが正しいことを強調した。

原罪の教義がうけいれられていくことによって、教会による救済の機能の中心に贖罪が位置づけられるようになる。罪を贖うためには、教会のメンバーとなり、神からの許しを仲介してもらうしかない。教会の機能として七つの秘跡が強調されるようになるのも、それが関連する。日ごろの罪は告解によって贖われ、最後、終油の秘跡を受けることで、死後天国に召されるとされるようになっていくのである。

ただ、キリスト教の拡大に貢献したローマ帝国の方は東西の分割統治の段階を経て、4世紀の終わりには、東西に分裂し、東ローマ帝国と西ローマ帝国とに分かれる。西ローマ帝国の方は、分裂後１００年も経ないうちに消滅してしまうが、東ローマ帝国はビザンツ帝国として１０００年以上にわたって存続する。ビザンツ帝国の首都は、コンスタンティノープル（現在のイスタンブール）であり、そこは第２のローマとして繁栄を謳歌することになった。

ローマ帝国の分裂は、キリスト教世界にも大きな影響を与え、次第に東西の教会に違いが生まれるようになっていく。西の教会ではラテン語が用いられたのに対して、東の教会ではギリシア語が用いられた。アウグスティヌスは、ラテン語で著作活動を展開したラテン教父の一人であり、その影響はとくに西の教会に及び、東の教会では、ギリシア語で著作活動を行ったギリシア教父の考え方が重視された。

ギリシア教父の場合、ギリシア語を理解できるので、ギリシア哲学を学ぶことができた。キリスト教が神学を確立していく上で、アリストテレスを中心としたギリシア哲学の影響が大きく、キリスト教の教義の核心に位置する三位一体説などは、その産物であった。

こうした事情もあり、東の教会に対してラテン教父の影響は小さく、アウグスティヌスが集大成した原罪の教義は浸透しなかった。そうした形で、徐々にではあるが、東の教会と西の教会とのあいだに考え方の違いが生まれ、それが拡大していった。それによって、同じキリスト教会でありながら、東と西のあり方は異なるものになっていく。こうして東の正教会と西のカトリック教会に分かれていくこととなった。

●正教会とカトリック教会の信仰は異なる形をとった

キリスト教の一つの特徴は、正しい教義とそうでないものとを区別する場として公会議を定期的に開いてきたことにある。カトリック教会では、1962年から65年まで開かれた第21回の第2バチカン公会議まで、その伝統が受け継がれてきたが、正教会の方では、787年に開かれた第7回の第2ニカイア公会議までしか認めていない。なお、正教会では、公会議を全地公会と呼ぶ。

正教会の典礼は、ギリシア語で行われ、古い形が残されている。一方、カトリック教会の典礼は、ラテン語で行われ、その形は時代とともに変化をとげてきた。いかに正教会の典礼が壮麗なものであったかは、キーフ大公によって派遣された使者が、ハギヤ・ソフィア大聖堂で行われた典礼の見事さに圧倒されたところに示されている。それは、10世紀の終わりのことだった。

325年に開かれた最初の公会議である第1ニカイア公会議においては、ローマ、コンスタンティノープル、アレクサンドリア、エルサレム、アンティオキアの五つの場所に総主教座がおかれ、それがキリスト教会の中心になった。

ローマは、ローマ教皇のいるバチカンのある場所で、カトリック教会の中心であり続けたわけだが、コンスタンティノープルはビザンツ帝国の首都として正教会の中心になっていった。しかし、他のアレクサンドリア、エルサレム、アンティオキアは、7世紀以降、新たに台頭したイスラム教の支配下におかれるようになり、ビザンツ帝国も、オスマン帝国によって15世紀には滅ぼされてしまう。

現在の正教会において、コンスタンティノープルの総主教座は、もっとも権威があると見なされてはいる。だが、その地位は絶対的なものではなく、コンスタンティノープル総主教がローマ教皇のように正教会全体の最高権威として君臨しているわけではない。正教会は、民族別、国別に組織されており、全体が一つの組織に統合されてはいないのだ。その点で、世界組織となっているカトリック教会とは、そのあり方が根本的に異なる。

正教会では、民族別、国別に組織されているため、それぞれの地域における政治の影響を受けやすい。地域を支配している皇帝や国王は、正教会の庇護者の立場にあり、教会のあり方はそうした政治的支配者の意向に左右されてきた。それは、今日のロシアによるウクライナ侵攻にも見られることで、ロシアのプーチン大統領は、ロシア正教会の庇護者を自認しており、ウクライナ正教会の独立を侵攻の理由の一つとしてきた。

一方、カトリック教会の方は、ローマ教皇を頂点に戴くピラミット型の世界組織を形成してきた。その組織は、国境を超えて広がっているわけで、世俗の権力と対抗する関係におかれてきた。したがって、皇帝や国王との関係は複雑で、ときには激しく対立することもあった。

そうした対立が明確な形をとったのが叙任権闘争である。教会の側は、聖職者を自分たちで叙任しようとしたが、世俗権力の側は、教会や教皇に対して莫大な領地を寄進し、スポンサーの立場にあったことから、叙任権は自分たちの側にあると主張した。寄進された領地は、教会に強固な経済基盤を与えることになり、その分、教会領を相続しようとする欲望をかき立てた。それによって、聖職者のなかには、結婚し、子どもに相続させようとする動きも生まれ、事態は複雑なものになった。

そうした傾向を正し、聖職者はあくまで独身でなければならないと主張したのが、修道会出身のローマ教皇たちであった。修道会のような組織が生まれたこともカトリック教会の特徴であるわけだが、修道会では、パウロが説いた独身であることの価値を再評価し、それを実践した。修道会という組織も正教会にはないものである。ただ、正教会にも修道院はある。

このように、正教会とカトリック教会は、しだいにその違いが大きくなっていき、1054年には、二つの教会がお互いを破門することで、両者の分離は決定的なものになった。

●イスラム教が勢力を拡大。聖地をめぐる対立は十字軍派遣へ

その間に、中東の世界においては、イスラム教が誕生し、イスラム帝国という形で、その勢力を拡大していった。イスラム教は、ユダヤ教以来の伝統を引き継ぐ一神教であり、キリスト教と同じ神を信仰していることになるが、そのあり方はユダヤ教に近く、宗教法であるイスラム法が重視される。

神に対するとらえ方も異なり、イスラム教では、絶対の存在であるアッラーが慈悲深いことが強調され、原罪の教義もない。また、キリスト教の核心となる三位一体の教義については、それが多神教に堕《だ》していくものであるとして、それを批判している。

イスラム教が生まれ、その勢力を拡大していった時代には、すでにキリスト教は多くの地域において信者を獲得していた。しかし、北アフリカなどにおいては、キリスト教から

イスラム教への改宗という事態が起こり、その状態は今も変わっていない。

イスラム教が広がっていくことによって、その支配地域のなかには、ユダヤ教にとってもキリスト教にとっても聖地であるエルサレムが含まれることになった。かつてユダヤ人はエルサレム周辺に生活基盤をおいており、そこには神殿の跡が残されている。イエス・キリストもユダヤ人として生まれたわけで、彼が活動し、亡くなったのもエルサレムにおいてだった。エルサレムは、ユダヤ教、キリスト教、そしてイスラム教共通の聖地なのである。

イスラム教の場合には、「啓典の民」という考え方があり、同じ神を信仰するユダヤ教徒やキリスト教徒については、イスラム帝国のなかに住んでいる場合、人頭税さえ支払えば、その信仰を守り続けることを許した。

しかし、キリスト教徒にとっては、聖地エルサレムは巡礼する場所であり、その安全が確保されるようにと、十字軍を派遣することになる。十字軍はエルサレム奪回を目指して進軍していくが、アラブ人の側は、当初、その目的を理解できなかった。しだいに情報が集まり、エルサレム奪回を目指していることを認識するようになるが、それに対抗する準備はできておらず、エルサレムは奪回されてしまった。そこには、十字軍国家としてエルサレム王国などが建設されるが、アラブ人の側は、キリスト教の勢力を「フランク」としてとらえていた。フランクとは、もともとゲルマンの一部族をさしていた。

当時のアラブとフランク、イスラム教とキリスト教を比較した場合、文明として進んでいたのはアラブのイスラム教の方だった。それも、イスラム教の側が、ギリシア文明をそのなかにとりこんでいたからである。

ギリシア自体は、ビザンツ帝国の支配下にあり、イスラム教が進出したわけではない。ところが、ビザンツ帝国の第2代皇帝であるユスティニアヌス1世は、529年に、異教であるギリシア文明の遺産を放棄し、それを研究していた学者たちを帝国から追放してしまった。

●イスラム教文明が「ルネサンス」を起こし、近代経済学のきざしとなる

一方で、イスラム帝国の一つ、アッバース朝のカリフであったマアムーンは、首都のバクダードに、ササン朝の図書館を継ぐ形で「知恵の館」と呼ばれる図書館を建設した。そこにギリシア語の文献が集められ、アラビア語に翻訳された。そのなかには、医学書や天文書、哲学書が含まれており、これによってイスラム教の世界は古代ギリシア文明の遺産

を享受できるようになった。それによって、イスラム教文明は、キリスト教文明を凌駕することになったのである。

大きな差ができたのが医療の分野で、十字軍の兵士が傷を負った場合、彼らは、自分たちに従ってきたキリスト教徒の医師ではなく、敵方であるはずのイスラム教徒の医師に診てもらうことを望んだ（川喜田愛郎『近代医学の史的基盤』岩波書店）。

しかし、十字軍を通して、ギリシア文明を知ったキリスト教世界は、それを積極的にとりいれるようになっていく。それによって、ヨーロッパにおいては、「12世紀ルネサンス」が起こり、さらに14世紀以降、本格的なルネサンスの動きが高まっていくことになる。それはやがて、キリスト教文明がイスラム教文明を圧倒する事態を生んでいくのだが、逆転が起こった原因を二つの宗教のあり方の相違に求めることができる。

利子の問題についてはすでにふれた。利子の禁止は、ユダヤ教の聖典であるトーラーに記されており、それは旧約聖書という形でキリスト教にとりいれられ、イスラム教でもコーランにある神の啓示に示されていた。

経済が成長していかない時代においては、定常状態が続くわけで、利子をとれば、それを返却できない事態が容易に生まれる。しかし、経済が発展するようになると、貿易など大規模な事業を行うために資金調達の必要が生じ、利子を支払ってでも金を借りたいと思う人間たちが出てくる。そうなると、利子をいかに正当化するかが問題になっていく。

イスラム教の世界では、現実が優先され、利子という形をとらない金融の仕組みが作り上げられていった。これは、今日のイスラム金融に結びついていく。

それに対して、キリスト教世界では、同じような試みも行われる一方で、利子の禁止を信仰の問題としてとらえ、いかに利子を正当化するか、キリスト教の神学者であるスコラ学者が理論構築を行うようになっていった。その際、アリストテレスに遡る共通善の考え方がとりいれられることになるのだが、こうした試みは、やがては近代において経済学を生むことに結びついていく。

●異端審問という弾圧。ガリレオを終身刑に

中世のヨーロッパにおいては、カトリック教会が強い権力をもち、教えに反するような事柄については容赦なくそれを弾圧した。異端審問がその典型で、それに熱心に取り組んだのは、ドミニコ会のような托鉢修道会の修道士たちであった。

それは、教えに反すると見なされた科学上の発見にまで及び、地動説を唱えたガリレ

オ・ガリレイは、異端審問にかけられ、後に減刑されるものの終身刑に処せられている。

　ここには信仰と科学との対立を見ることができるが、科学が抑圧されることによって、かえって科学者の探求心は鼓舞され、それが近代科学の発展へと結びついていった。ガリレオが活動したのは16世紀後半から17世紀前半のことで、すでに宗教改革は起こっており、各国に広がっていた。時代は大きく変わりつつあり、キリスト教もそのあり方を変容させざるを得ない状況におかれていたのである。

　宗教改革によって、カトリック教会から分かれる形で、プロテスタント諸派が成立した。ヨーロッパでは、それによってカトリック圏とプロテスタント圏に二分されることになるが、イギリスや北欧のように国教会が広まった国では、多くが国教会の信者になり、他のプロテスタント諸派は少数派にとどまった。

　事情が異なるのが、アメリカ合衆国の場合である。合衆国では、現在の宗教人口は、カトリック、プロテスタント諸派、福音派、無宗教で四分割され、さまざまな宗派が共存する形になっている。教会の選択は人種や階層にもとづいており、アメリカ社会の多様性が、そうした事態を生んでいる。アメリカの神学者、リチャード・ニーバーは、そうしたアメリカ社会の特殊な宗教状況を「デノミネーション」と呼んだ。

プロテスタントでは、教会の権威が否定され、それぞれの信者は、聖書を読むことで、自らの信仰を確立することが求められるようになる。それは、カトリック教会の伝統になってきた聖人崇敬やマリア崇敬を否定することにもなった

●聖母マリアの神学。「無原罪の御宿り」と「聖母の被昇天」

聖母マリアに対する崇敬は、ローマ帝国の時代からはじまっていて、教会堂がマリアに捧げられたり、修道士がマリアに対して祈りを捧げるということが行われるようになる。マリアとイエスを描いた聖母子像も、キリスト教美術の世界では数多く製作されるようになる。

マリアにかんして、一つ注目しておかなければならないことは、日本では基本的に「聖母マリア」という表現が用いられるが、ヨーロッパでは、むしろ「処女マリア」という表現が中心で、聖母とされることは少ない。日本の正教会では、「生神女《しょうしんじょ》」という表現が用いられる。処女マリアとされるのは、処女のまま身籠もった点が重視されるからである。

聖母子像も、英語では、“Virgin and Child”もしくは、“Madonna and Child”である。

マリアについて、福音書では多くは語られておらず、イエスを生んだこと以外、その神

聖性を証明するようなことは記されていない。マリアに対する信仰は、福音書にもとづくものではなく、キリスト教の歴史のなかで次第に生み出されたものである。したがって、マリアについての神学的な位置づけが行われるのは近代になってからである。

マリアについての教義としては、「無原罪の御宿り《おんやど》」と「聖母の被昇天」がある。前者は、マリアはその母の胎内に宿ったときからいっさいの罪を免れていたというものである。後者は、マリアの霊魂は、死後、肉体とともに天にあげられたというものである。無原罪の御宿りは、教皇ピウス9世の回勅によって1854年に定められ、聖母の被昇天は1950年に教皇ピウス12世により決定された。

そこには、19世紀から20世紀にかけて、ヨーロッパ各地でマリアが出現する出来事が続いたことがかかわっている。それだけ、マリア崇敬は高まりを見せていたことになるが、なかでも重要なのは、1858年にフランスのルルドで起こったマリアの出現だった。

このときマリアは、14歳の少女であったベルナデッタ・スビルーの前に18回にわたって出現し、マリアの指示によって泉が湧き出したりした。重要なのは16回目の出現で、ベルナデッタが名前を聞いたところ、無原罪の御宿りであるという答えが返ってきた。

「無原罪の御宿り」(La Inmaculada Concepción)という名は、少女が知るはずもないラテン語で発せられたもので、それを聞いた地元の神父は驚愕した。その時点で無原罪の御宿りの決定から4年しか経っていなかった。こうしたこともあり、ルルドにおけるマリアの出現は、カトリック教会によって正式に認められることとなった。

これは、聖人崇敬についても言えることだが、キリスト教における神は、この世界を創造した絶対的な存在であり、人間である信者からすれば親しみを感じることが難しい。また、旧約聖書の神は「熱情の神」とも呼ばれ、大洪水で堕落した人間を一掃してしまうなど、相当に怖い存在である。福音書に描かれたイエスも、その姿勢は厳しい。

そうなると、信者としては、自分たちにより親しみがあり、日常的に頼ることができる存在を求めるようになる。その対象となったのがマリアであり聖人たちであった。マリアも聖人の一人にほかならない。

それによって、神は後景に退いていくこととなり、人間の世界との直接的なかかわりを失っていった。世界的な宗教学者のミルチア・エリアーデは、そうした存在を「暇な神」と呼び、中心となる神が背景に退いていく現象が普遍的であることを明らかにした。

このようにキリスト教は歴史を経ることによって、大きな変容をとげてきた。イエスが十字架にかけられて殺されたとき、自分を信仰する人々によって世界第1位の宗教が生み出されることになるとは想像もできなかったはずである。

しかも、キリスト教の拡大と変容は現在でも続いている。

●アフリカで信仰を拡大し続けるペンテコステ派、福音派

アフリカでは、キリスト教の信仰が今も拡大を続けている。これまで、北アフリカはイスラム教で、南アフリカなど南の地域はキリスト教だったが、現在ではサハラ砂漠以南でキリスト教が伸びている。それは、プロテスタントのペンテコステ派や福音派であり、現世利益を約束する、日本で言えば、新宗教に近いキリスト教である。

その背景には、アフリカにおける経済の発展という事態があるものと考えられる。ペンテコステ派や福音派が増加するのは、経済が発展している国全般に見られることで、中国でも、そうしたキリスト教が、「家庭教会」や「地下教会」として、中国共産党には公認されないまま拡大している。

それは、中南米でも言えることである。従来、この地域においてはカトリックが支配的であったが、どこでもペンテコステ派や福音派が伸びている。中南米はカトリックの牙城であるという状況は大きく変わりつつあり、バチカンはそれに危機感を抱いている。アル

ゼンチンからはじめてローマ教皇フランシスコが誕生したのも、そうした動きと決して無関係ではない。

ただ、ヨーロッパの先進国では、キリスト教の教会離れが進んでおり、経営が成り立たなくなった教会が、住宅やサーカスの練習場、あるいは移民によって増えたイスラム教徒のためのモスクに売却されるという事態が進行している。

カトリックの信仰は、どこでも地域に根差すもので、地域共同体を結束させることに貢献してきた。だが、経済が発展し、都市化が進行すると、都市ではそうした役割を果たせない。そうなると、都市的な信仰が求められ、それをペンテコステ派や福音派が果たすことになる。ただ、さらに経済が発展していけば、日本の新宗教が衰退していったように、ペンテコステ派や福音派も力を失っていくことになるであろう。

アメリカの世論調査機関、ピュー・リサーチ・センターが２０１５年に行った予測では、２０５０年にはイスラム教の伸びがキリスト教を上回り、２１００年にはイスラム教が世界第1位の宗教になるとされていた。

イスラム教が広がった地域では、人口の伸びが続いているからだが、そうした地域でも、伸び率は次第に鈍化してきており、予測通りになるかどうかは不確かである。一旦少子化が進むようになると、急速にそれは拡大していくわけで、将来の世界における宗教地図がどうなるかについて、はっきりとした見通しを立てることは難しい。

それでも、キリスト教が現在において世界第1位の宗教であることは間違いない。しかも、キリスト教が広がった地域に先進国が生まれたことで、強い影響力を発揮することとなった。日本では、第1章でも述べたように、キリスト教の信者はそれほど増えなかったものの、その影響には無視できないものがある。

●2500年前には世界宗教は存在しなかった

では、なぜキリスト教は世界を席捲することができたのだろうか。

今から2500年前の世界を考えてみるならば、仏教はまだ誕生したばかりで、大きくは広がっておらず、世界宗教はどこにも存在しなかった。世界各地に生まれた古代文明においては、それぞれ神への信仰が生み出されていたものの、それは上層階級のものであったり、統治のための道具としての役割を果たすものであった。それは、ローマ帝国における皇帝崇拝についても言える。

そうした状況のなか、インド（あるいは現在のネパール）に生まれた仏教は、南伝と北伝という形で、東南アジアや中央アジア、さらには東アジアへと拡大していった。仏教は最初の世界宗教である。

仏教が拡大していった地域のなかで、中国を除けば、どこでも、創唱者が存在し、体系的な教えをもつ宗教は存在しなかった。仏教は、歴史を経るにつれて、僧侶たちが思索を深め、教えを体系化することで、高度な宗教哲学を発展させ、救済の仕組みを整えていった。それによって、仏教が広がっていった地域の土着の信仰は、駆逐されたり、仏教の枠のなかにとりいれられていった。

中国の場合には、仏教がとりいれられる以前に儒教と道教が存在した。この二つの宗教には創唱者がいて、体系的な教えをもっており、仏教は、二つの宗教と対抗関係におかれた。それによって、仏教は変容を迫られ、「中国化」していく。その中国化された仏教が朝鮮半島や日本、あるいはベトナムに伝えられた。中国化のなかでは、儒教の祖先崇拝をとりいれたことが大きかった。

日本ではそれが、やがて葬式仏教を生むことになる。あるいは、インドで生まれた仏典は中国で翻訳されたが、日本では漢文を読み下す方法が開拓され、改めて翻訳の必要が生じなかった。それは仏教を日本で広めることに大きく役立った。

●キリスト教のライバル。ゾロアスター教、マニ教、ミトラ信仰

キリスト教が拡大していった地域においても、ライバルとされるような宗教が存在した。ゾロアスター教やマニ教、あるいはミトラ信仰である。フランスの宗教史家であるエルネスト・ルナンなどは、「もしキリスト教が、なんらかの致命的な病によってその成長を止められていたならば、世界はミトラ信仰のものになっていたであろう」とさえ述べていた（ミルチア・エリアーデ『世界宗教史４』柴田史子訳、ちくま学芸文庫）。

たしかに、ミトラ信仰はローマ帝国にある程度広がっており、ローマ帝国が、その全体を統合する宗教を必要としていたのであれば、キリスト教ではなく、ミトラ信仰がその役割を果たした可能性も考えられる。

しかし、事態はそうした方向には進まなかった。

ここで注目されるのは、キリスト教のライバルと目されたゾロアスター教やマニ教がイラン、当時のペルシアに発していたことである。ミトラ信仰の場合には、その出自が明確でないところもあり、エリアーデも、「『ミフルヤシュト』によって称賛されたイランの神が、どのような過程をたどってミトラ密儀に変形していったかはわからない」と述べている（同）。『ミフルヤシュト』とは、インド神話のミトラ神がイランにとりいれられたミス

ラ神を讃える長文の讃歌のことである（エリアーデ『世界宗教史2』松村一男訳）。

ミトラ信仰も、イランに発しているとするなら、キリスト教のライバルは、すべて出自を同じくしていたことになる。

●旧約聖書に示されたユダヤ民族の神話の重要性

キリスト教とイランから発した宗教との違いは、旧約聖書に語られた神話を共有しているかどうかにある。

キリスト教は、ユダヤ教のトーラーをはじめとする聖典、それは全体でタナハと呼ばれるが、それをとりいれ旧約聖書とし、そこに、イエスと弟子たちの物語である新約聖書を付け加えた。トーラーは、モーセ五書とも呼ばれるが、その冒頭にある「創世記」は世界の創造からはじめて、人類が生み出され、ユダヤ民族がどのような歴史を歩んでいったのかを語ったものである。続く「出エジプト記」では、エジプトに捕えられていたユダヤ民族が、モーセに率いられてそこを脱出し、神によって約束された土地を目指していく過程が語られ、神との契約である十戒の授与についても述べられている。

これは、ユダヤ民族に特有の神話になるわけだが、世界の創造について語られ、しかも、その後に現れるユダヤ民族以外の諸民族の誕生についてもふれられており、その点では、ユダヤ民族には限定されない普遍性をもっていた。

その特異性は、日本の神話と比較するならば、明確になってくる。日本の神話は、『古事記』や『日本書紀』に記されているわけだが、国生みという形で、日本の国土の形成について語られ、神々の系譜から初代の天皇が生み出されていく過程がつづられている。それが一貫した物語になっていて、しかも神々についての神話が人間の歴史につながっていく点で、形式は旧約聖書と共通するものの、あくまで日本に限定されるものであり、他の民族については視野に入っていない。

したがって、日本の神話が他の民族に共有されることはなかった。朝鮮半島や中国の場合、国が一つに統一されていなかったり、王朝の交代がくり返されたこともあり、一貫した神話は伝えられてこなかった。その点では、日本神話が朝鮮半島や中国を包含するものであったとしたら、ユダヤ民族の神話と同じ運命をたどっていた可能性も考えられるのである。

ユダヤ民族の神話は、キリスト教の世界にとりこまれただけではない。その後、イスラム教が登場することになるが、イスラム教においても共有されていくことになった。ただ、キリスト教とは異なり、聖典としてとりこまれたわけではない。

コーランにおいては、ユダヤ民族の神話に登場するアダムやノア、アブラハムやモーセについて述べられ、それぞれアラビア語でアーダム、ヌーフ、イブラーヒム、ムーサーと呼ばれる。イエスもまた、イーサーとして言及されている。

なかでも、イスラム教においてもっとも重視されるのがイブラーヒムである。預言者ムハンマドは、イブラーヒムを神に対して絶対的に帰依する信仰者の模範としてとらえ、自分たちの信仰はイブラーヒムからはじまるという立場をとった。

そうしたことが起こったのも、アブラハムの子であるイサクのさらに子であるヤコブがユダヤ民族共通の祖先とされる一方、イサクの異母兄であるイシュマエルが、イスラム教を最初に信奉したアラブ民族の祖先とされていたからである。

これは、もともと中東の地域全体に一つの神話が共有されていた可能性を示しているのかもしれない。それを一貫した物語としてユダヤ民族が語り出し、伝えてきた。したがって、アラブ民族のようなユダヤとは異なる民族にも共有が可能だった。そこが日本神話とは異なるのである。

イランにも神話があり、そこでも、宇宙のはじまりや、世界の終わりといったことが物語られ、人間の創造や救世主の誕生についても述べられていた。最高神からは善霊と悪霊とが生み出され、その対立が世界を動かしていく原動力ともなったというのだ。こうした神話は、ゾロアスター教やマニ教の教義が形成される土台となるものだが、ユダヤ民族の神話ほど一貫した物語にはなっていなかった（青木健は『古代オリエントの宗教』講談社現代新書において、ユダヤ民族の神話を「聖書ストーリー」と呼び、その重要性を強調している）。

その後、キリスト教やイスラム教が世界に広がっていくことによって、ユダヤ民族の神話は、民族の枠を超え、普遍的な神話として広く受容されるようになっていく。アダムとエバは人類全体の祖先と位置づけられ、旧約聖書に語られたことが人類の初期の歴史ととらえられるようになっていった。近代になって科学が発達するまで、それに代わって、世界の創造を語る物語は存在しなかった。

しかもキリスト教は、ユダヤ教において課されていた割礼を不要とし、それに代えて洗礼をとりいれた。割礼は、肉体に傷をつけるもので、生涯その跡は残る。洗礼の場合には、そうした面はなく、選択は容易であり、それで、ユダヤ民族以外に信仰を広げていくことに貢献した。その後の展開は、この章の前半で述べたとおりである。

十字軍の時代までは、イスラム教の世界の方が文明としては進んでいたわけだが、十字軍を境に、キリスト教は文明を発展させ、しだいにイスラム教の世界を凌駕するようになっていく。その際に、イスラム教がユダヤ教の強い影響で法の宗教となり、伝統主義であったことが、やがてキリスト教世界に遅れをとる原因となった。法による縛りが社会の変化を押しとどめる方向に作用したからである。

それでも、イスラム教世界との力関係において、キリスト教世界は劣勢の状態が続いた。エルサレム王国などの十字軍国家も、やがては戦力を整えたアラブの勢力によって打倒されてしまう。

オスマン帝国が生まれると、およそ1000年続いたビザンツ帝国は滅ぼされ、それ以降、ヨーロッパは、オスマン帝国の脅威にさらされることとなった。オスマン帝国は、2度にわたってウィーンにまで攻めのぼった。

ただ、ヨーロッパのキリスト教世界は、イスラム教世界が実現できなかった近代化を果たし、世界に君臨することになる。そこには、宗教改革によって、古代から中世にかけて強権をふるったカトリック教会の力が失われたことが影響した。教会が守り続けてきた伝統の力が失われることで、さまざまな革新が可能になり、資本主義や産業革命の勃興によって、ヨーロッパは経済力を身につけ、帝国主義の時代には植民地を広げていった。

ただ、そうであるにもかかわらず、日本のキリスト教化が大きくは進まなかったことは注目される出来事である。日本でキリスト教が大きく広がっていたとしたら、社会のあり方は根本から変化していたであろう。なぜそうならなかったかについては、第1章ですでに論じた。

おわりに——キリスト教をめぐるブックガイドとして

ここまでキリスト教について、さまざまな形で述べてきた。しかし、第1位の宗教として、世界の歴史に多大な影響を与えてきただけに、キリスト教にまつわる事柄は、それに尽きるわけではない。

その点で、本文で論じられなかったことについては、最後にブックガイドとして紹介していきたい。

キリスト教のはじまりに位置するイエス・キリストについては、伝記的な資料は福音書のみになるわけだが、それをもとにさまざまなイエス伝が書かれてきた。

古典的なものとしては、エルネスト・ルナンの『イエス伝』（津田穣訳、岩波文庫、『イエスの生涯』として忽那錦吾・上村くにこ訳、人文書院）がある。ルナンは、ヒューマニストとしてイエスを描き、イエスが起こした奇跡については科学の立場から排除している。

そうしたイエス像は、「史的イエス」と呼ばれるが、同様の観点から書かれたものに荒井献『イエスとその時代』（岩波新書）がある。

同じく史的イエス探究の試みだが、イエスを「逆説的反抗者」としてとらえたのが、田川健三『イエスという男』（増補改訂第2版は作品社）である。それに近い形でイエスを革命家としてとらえたのが、レザー・アスラン『イエス・キリストは実在したのか?』（白須英子訳、文藝春秋）で、著者はイスラム教徒のアメリカ人である。

本文のなかで、パウロがイエスの事績について福音書にあるようなことを記していないと述べたが、それに気づかせてくれたのが、拙訳のトム・ハーパー『キリスト神話―偶像はいかにして作られたか』（バジリコ）である。著者はイエスの生涯とエジプト神話との関連について述べているが、典拠が不明で、その点では注意して読む必要がある。

少し変わったところでは、牧畜文化とイエスのあり方について人類学的な考察を行っているのが、谷泰『聖書世界の構成論理―性・ヴィクティム・受難伝承』（岩波書店）である。

ローマ帝国においてキリスト教をユダヤ人以外に布教する上で重要な役割を果たし、またキリスト教の教義形成に決定的な影響を与えたパウロについても多くの本が書かれているが、資料となるのは新約聖書の使徒言行録と、パウロ自身の書簡である。比較的最近刊行され、一般向けなのが青野太潮『パウロ　十字架の使徒』（岩波新書）であり、パウロの書簡の成立時期について詳しく検討がなされている。

パウロの影響を受けつつキリスト教の教義の形成に大きく貢献したアウグスティヌスの自伝的な著作が『告白』（山田晶訳、中公文庫他多数の翻訳がある）である。古代の人間が、自らの内面を吐露した書物は少なく、その点でも貴重である。その『告白』を読む前に目を通しておく必要があるアウグスティヌスの入門書が、出村和彦『アウグスティヌス―「心」の哲学者』（岩波新書）である。

キリスト教の歴史についても、多くの書物が書かれてきたが、わかりやすいものとしては、松本宣郎他編『キリスト教の歴史1〜3』（山川出版社）がある。廣岡正久著による第3巻では、日本ではあまり知られていない東方正教会と東方諸教会について扱われており、著者自身の正教会での貴重な体験もあいまって参考になる。それとも重なるが、同じ廣岡の著作に『ロシア正教の千年』（講談社学術文庫）がある。

世界的な宗教学者ミルチア・エリアーデの『世界宗教史1〜8』（荒木美智雄他訳、ちくま学芸文庫）では、随所でキリスト教について言及されており、エリアーデならではのキリスト教理解に接することができる。

聖母マリアに対する崇敬について、人類学的に考察したものに山形孝夫『聖母マリア崇拝の謎―「見えない宗教」の人類学』（河出ブックス）がある。メキシコにおける聖母マリア信仰については、鶴見俊輔『グアダルーペの聖母―メキシコ・ノート』（筑摩書房、後に『鶴見俊輔集』第11巻に収録）がある。近代における聖母マリアの出現については、関一敏『聖母の出現―近代フォーク・カトリシズム考』（日本エディタースクール出版部）で社会学的に分析されている。

聖人の伝記については、13世紀後半に編纂されたヤコブス・デ・ウォラギネ『黄金伝説』（全4巻、前田敬作他訳、平凡社ライブラリー）が重要である。それも参考にしながら、100人の聖人をとりあげて紹介したのが、拙著『キリスト教の100聖人―人名でわかる歴史と教え』（幻冬舎新書）である。

聖人崇敬においては聖遺物が重要だが、それについては、青山吉信『聖遺物の世界―中世ヨーロッパの心象風景』（山川出版社）、秋山聰『聖遺物崇敬の心性史―西洋中世の聖性と造形』（講談社学術文庫）がある。聖ヤコブの聖遺物を安置するサンチャゴ・デ・コンポステラへの巡礼については、渡邊昌美『巡礼の道―西南ヨーロッパの歴史景観』（中公新書）が興味深い。

多くの聖遺物をヨーロッパにもたらした十字軍についても、多くの書物が刊行されてきたが、手軽なものとしては山内進『増補　十字軍の思想』（ちくま学芸文庫）がある。あるいは、櫻井康人『十字軍国家』（筑摩選書）は、第1回十字軍によって樹立されたエルサレム王国からはじまる十字軍国家の歩みを追っている。

アラブ側の視点から十字軍を扱ったものに、アミン・マアルーフ『アラブが見た十字軍』（牟田口義郎・新川雅子訳、ちくま学芸文庫）がある。『薔薇の名前』（上下、河島英昭訳、東京創元社）で知られるウンベルト・エーコの『バウドリーノ』（上下、堤康徳訳、岩波文庫）は、十字軍の時代を舞台に、中世キリスト教世界に伝わる聖杯伝説などを巧みに織り込んで書かれた小説である。

カトリックにおける修道院の歴史については、佐藤彰一による『シリーズ禁欲文化のヨーロッパ─修道制の歴史』（Kindle版、中央公論新社）がある。これは、中公新書として刊行された『禁欲のヨーロッパ』『贖罪のヨーロッパ』『剣と清貧のヨーロッパ』『宣教のヨーロッパ』『歴史探究のヨーロッパ』の合本である。

托鉢修道会としてフランチェスコ会を創設したアシジの聖フランシスコについても多くの伝記が書かれてきたが、代表的なものに小説家のジュリアン・グリーン『アシジの聖フランチェスコ』（原田武訳、人文書院）がある。

本文でも述べたように、清貧を求める托鉢修道会と裏腹の関係にあるのが異端ということなるが、最大の異端であるカタリ派については、渡邊昌美『異端カタリ派の研究─中世南フランスの歴史と信仰』（岩波書店）が詳しい。

ウンベルト・エーコの『薔薇の名前』にも、異端審問官としてベルナール・ギーが登場するが、ギーについても述べられているのが、渡邊昌美『異端審問』（講談社学術文庫）である。そうした異端審問と関連する魔女狩りについては、森島恒雄『魔女狩り』（岩波新書）がある。

異端審問関係の文書から、当時の南仏の村の生活を社会史の観点から再現したものがエマニュエル・ル・ロワ・ラデュリ『モンタイユー─ピレネーの村　1294-1324』（上下、井上幸治他訳、刀水歴史全書）である。

修道院の誕生は、修道士に学問に専念できる環境を与え、それが中世においてはスコラ学の発展に結びついた。中世スコラ学の大家であるトマス・アクィナスについては、推理小説家のG・K・チェスタトンが『聖トマス・アクィナス』（生地竹郎訳、ちくま学芸文庫）を書いている。

トマスの主要な著作『神学大全』については、現在『精選　神学大全』（稲垣良典他編訳、岩波文庫）としてダイジェスト版の刊行が続いているが、それに目を通せば、どういった形でスコラ学の議論が進められたかがわかる。

トマス・アクィナスの継承者とされるドン・スコトゥスを中心に論じた山内志朗『中世哲学入門—存在の海をめぐる思想史』（ちくま新書）はとても入門とは思えない難解さだが、そこにこそスコラ学の真髄があるのかもしれない。

大黒俊二『嘘と貪欲—西欧中世の商業・商人観』（名古屋大学出版会）は、やはりスコラ学者で、アリストテレスの共通善の考え方にもとづいて利子の正当化をはかったオリーヴィとその影響について詳しく論じている。

宗教改革がヨーロッパに何をもたらしたかについては、プロテスタント神学者のエルンスト・トレルチによる『ルネサンスと宗教改革』（内田芳明訳、岩波文庫）が古典的な著作である。ルターと並ぶ宗教改革家、カルヴァンによる『カルヴァン小論集』（波木居斉二編訳、岩波文庫）では、彼がそれまでのカトリック教会の信仰のどういった部分を批判したのかがよくわかる。

宗教改革は、対抗宗教改革の動きを生むことにもなり、イエズス会のフランシスコ・ザビエルは来日し、日本で布教活動を開始する。ザビエルが日本でどういった活動をしたかは、河野純徳『聖フランシスコ・ザビエル全生涯』（平凡社）に詳しく記されている。

その後、日本でキリスト教の信仰は禁教とされ、それによって「隠れキリシタン」という特異な存在が生まれるが、その学術的な研究の先鞭をつけたのが、東京帝国大学にはじめて宗教学の講座を開いた姉崎正治の『切支丹宗門の迫害と潜伏』(同文館)であった。

現在、カトリック教会は、明治に入って禁教が解けた後、教会に復帰したキリシタンと、そうでない者とを区別し、前者を「潜伏キリシタン」と呼ぶようになったが、その問題点については、広野真嗣『消された信仰──「最後のかくれキリシタン」長崎・生月島の人々』(小学館)で指摘されている。その文庫版では、私が解説を書いている。

日本とは異なり、韓国では戦後キリスト教が多くの信者を獲得するようになるが、その歴史については、浅見雅一・安廷苑『韓国とキリスト教』(中公新書)において述べられている。ただし、この本では、シャーマニズムと習合し、日本の新宗教に近い福音派などのことについてはほとんど述べられていない。韓国におけるキリスト教とシャーマニズムの関係については、崔吉城『キリスト教とシャーマニズム──なぜ韓国にはクリスチャンが多いのか』(ちくま新書)で述べられている。

福音派が勢力を拡大した先駆になるのはアメリカ合衆国であり、その実態については、森本あんり『反知性主義──アメリカが生んだ「熱病」の正体』(新潮新書)で詳しく紹介されている。また、アメリカに生まれた数々のセクトについては、橋爪大三郎『アメリカの教会～「キリスト教国家」の歴史と本質』（光文社新書）において、よく整理された形で説明されている。

島田裕巳（しまだ ひろみ）

1953年東京生まれ。作家、宗教学者。76年東京大学文学部宗教学科卒業。同大学大学院人文科学研究科修士課程修了。84年同博士課程修了（宗教学専攻）。放送教育開発センター助教授、日本女子大学教授、東京大学先端科学技術研究センター特任研究員を経て、東京女子大学・東京通信大学非常勤講師。著書に『帝国と宗教』『「日本人の神」入門』（講談社現代新書）、『浄土真宗はなぜ日本でいちばん多いのか』『葬式は、要らない』（幻冬舎新書）、『宗教消滅』（SB新書）、『キリスト教入門』『日本人の信仰』『男の死にざま』（扶桑社新書）、『［増補版］神道はなぜ教えがないのか』（育鵬社）などがある。

扶桑社新書　521

なぜキリスト教は世界を席巻できたのか

発行日 2025年1月1日　初版第1刷発行

著　　者………島田裕巳
発 行 者………秋尾弘史
発 行 所………株式会社 扶桑社
〒105-8070 東京都港区海岸1-2-20 汐留ビルディング
電話　03-5843-8842（編集）
　　　03-5843-8143（メールセンター）
www.fusosha.co.jp

DTP制作………株式会社 明昌堂
印刷・製本………中央精版印刷 株式会社

Printed in Japan　ISBN 978-4-594-09857-5